만화로 배우는
법정지상권

혼자만 알고 싶은 대박 경매 시리즈 ②

만화로 배우는
법정지상권

봄봄
스토리

CONTENTS

- **01** 법정지상권이란? ········· 11
- **02** 법정지상권 분석방법 ········· 19
- **03** 실전 경매사례 ········· 35
- **04** 법정지상권 관련 판례 ········· 69

지은이의 말

필자가 ≪만화로 보는 맹지 탈출≫ 책자를 낸 이후 많은 분들께 "맹지를 새로운 관점으로 볼 수 있는 계기가 되었다"는 말을 많이 들었다. 우리가 어떤 사물이나 현상을 볼 때 어떤 생각을 가지고, 어떻게 보느냐에 따라 많은 차이가 있다. 이 세상에 새로운 제품들이 나올 때마다 "어떻게 저런 생각을 했을까?"하고 감탄을 느낀 적이 많을 것이다. 그러나 그 제품이 세상에 나온 이유가 필요성은 느끼나 만들려고 시도하지 않은 사람들만 있었다면 탄생하지 않았을 것이다. 그 새로운 제품을 만들기 위해 끊임없이 노력한 사람이 있었기에 탄생한 것이다.

우리 인간은 나이를 먹을수록 자기의 생각이 고정되는 경향이 있다. 그래서 차라리 나이 많은 사람의 생각을 변화시키기보다 젊은 사람들이 자기의 생각을 나이 먹은 사람에게 맞춰가곤 한다. 즉, 나이가 먹을수록 자기의 고집, 자기가 생각하는 관점이 한 방향으로 고정되는 것이다. 그래서 이 책은 그러한 고집·방향·관점이 생각의 전환을 통하여 소프트하게 만들고자 하는 쪽에 초점을 맞추었다.

경매를 접하는 사람들이 생각하는 것이 있다. 유치권과 법정지상권은 너무 난해하다고 하는 것이다. 그래서 경매물건 중에 유치권과 법정지상권이 나오면 그냥 포기하고 패스해 버린다. 물론 유치권과 법정지상권이 어려운 것은 사실이다. 많은 사람들이 유치권에 대해서 어느 정도 이해하고 있지만 법정지상권은 너무나 어려워한다. 그러나 필자의 생각은 다르다. 유치권은 분석을 한다고 해도 100% 분석이 불가능한 경우가 많지만 법정지상권은 다르다. 거의 모든 법정지상권은 유치권과 비교해서 분석하는 것이 용이하다. 물론 이와 같이 하기 위해서 법정지상권의 원리와 판례를 이해하고 있어야 한다.

그래서 이 책에서는 법정지상권의 원리와 분석방법, 실전사례, 판례 등을 알기 쉽게 설명하고자 했다. 물론 필자가 온라인이나 책자에서는 말할 수 없는 분석방법이 있다. 이런 내용까지 온라인이나 책자에서는 밝힐 수 없지만 그래도 이 책자에 나온 것만 완벽하게 이해한다면 거의 모든 법정지상권을 완벽하게 분석할 수 있다. 즉 필자가 책자에서 설명하는 등기부, 위성 및 항공지도, 세움터 등을 이용하면 거의 모든 법정지상권이 완벽하게 분석이 된

다. 그래서 필자는 법정지상권 분석이 유치권을 분석하는 것보다 훨씬 용이하다고 주장하는 것이다.

이 책자는 필자의 '경매 블루칩 시리즈' 중 맹지에 이은 두 번째 책자다. 앞으로 빠른 시간 내에 공유지분경매에 대한 집필을 완료할 계획이다. 또한 ≪부동산등기 완전정복≫이라는 책자를 집필한 적이 있다. 그러나 부동산등기의 양식이 가로에서 세로로 바뀌는 등 여러 가지가 변했다. 그래서 필자는 이 책자를 독자들이 편하게 이해할 수 있도록 만화로 펴낼 예정이다. 이러한 책자들을 통하여 경매를 공부하는 많은 사람들이 좀 더 용이하게 이해할 수 있다면 그것으로 만족한다.

끝으로 이 책이 나오기까지 많은 도움을 주신 분들께 고마움을 표하며, 이 책이 법정지상권을 이해하는데 있어 독자들에게 많은 도움이 되었으면 한다.

2019년 푸르른 날에

정 기 수

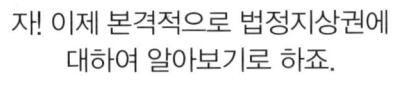

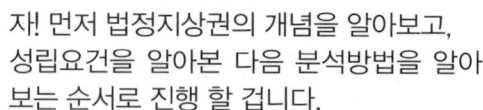

01
법정 지상권이란?

법정지상권

협의의 법정지상권 VS 관습법상의 법정지상권

먼저 성립근거가 법으로 명문화 된 협의의 법정지상권에 대하여 알아보죠.

예 교수님!

먼저 협의의 법정지상권은 4가지로 확인할 수 있습니다.

민법 제366조 (법정지상권) 저당물의 경매로 인하여 토지와 그 지상건물이 다른 소유자에 속한 경우에는 토지소유자는 건물소유자에 대하여 지상권을 설정한 것으로 본다. 그러나 지료는 당사자의 청구에 의하여 법원이 이를 정한다.

민법 제305조 (건물의 전세권과 법정지상권) 대지와 건물이 동일한 소유자에 속한 경우에 건물에 전세권을 설정한 때에는 그 대지소유권의 특별승계인은 전세권설정자에 대하여 지상권을 설정한 것으로 본다. 그러나 지료는 당사자의 청구에 의하여 법원이 이를 정한다.

가등기담보 등에 관한 법률 제10조 (법정지상권) 토지와 그 위의 건물이 동일한 소유자에게 속하는 경우 그 토지나 건물에만 가등기담보가 설정되었다가 본등기가 행하여진 경우에는 그 건물의 소유를 목적으로 그 토지 위에 지상권이 설정된 것으로 본다. 그러나 지료는 당사자의 청구에 의하여 법원이 이를 정한다.

입목에 관한 법률 제6조 (법정지상권) 입목의 경매나 그 밖의 사유로 토지와 그 입목이 각각 다른 소유자에게 속하게 되는 경우에는 토지소유자는 입목소유자에 대하여 지상권을 설정한 것으로 본다. 그러나 지료에 관하여는 당사자의 약정에 따른다.

협의의 법정지상권		관습법상의 법정지상권
성립근거가 법으로 명문화 된 것	VS	성립근거가 법으로 명문화되지 않은 것

그리고 한가지 더! 입목은 입목에 관한 법률에서 정하는 입목이 아닌 일반 수목에 대하여는 법정지상권을 논할 여지가 없다는 것을 기억하시기 바랍니다!

그렇습니다. 입목에 관한 법정지상권을 살피려면 반드시 등기된 입목이어야 하죠.

협의(법으로 정한)의 법정지상권

1. 저당권 설정 당시 토지소유자와 건물의 소유자가 동일할 것
2. 토지와 건물 중 어느 한쪽 또는 양쪽 모두에 저당권이 설정될 것
3. 경매로 인하여 토지소유자와 건물의 소유자가 각각 달라질 것
4. 토지에 저당권 설정당시에 건물이 존재하고 있을 것

관습법상 법정지상권

1. 토지와 건물이 처분 당시 동일인의 소유에 속할 것
2. 토지와 건물 중 어느 하나가 처분되어 각각 소유자가 다르게 될 것
3. 당사자 사이에 건물을 철거한다는 특약이 없을 것

자! 그런데 경매에서 법정지상권과 관련하여 중요한 내용이 있습니다.

어떤 내용이요?

경매에서 중요한 것은 법정지상권이 성립하는 물건이냐, 성립하지 않는 물건이냐가 아닙니다.

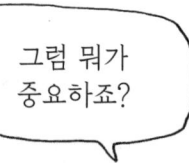

그럼 뭐가 중요하죠?

02 법정지상권 분석방법

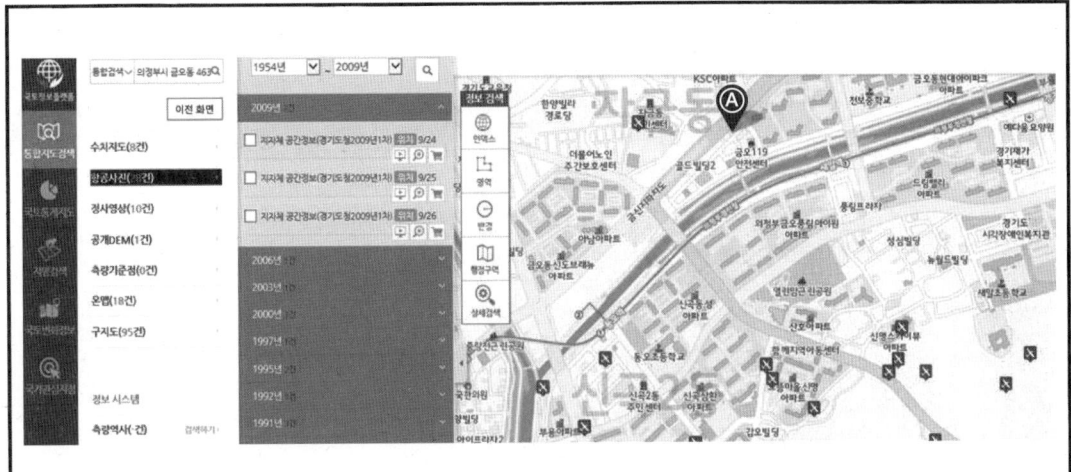

여기에서 보면 1954년부터 2009년까지 항공사진이 있는 것을 알 수가 있습니다.

그렇습니다. 계속해서 보기로 하죠. 2009년 9월 24일에 촬영한 것을 클릭해보죠.

교수님! 그럼 이 장소의 항공사진은 1954년부터 2009년까지 28건이 있다는 말인가요?

알겠습니다.

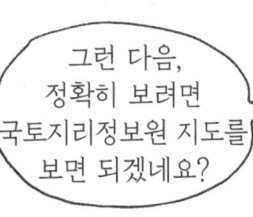

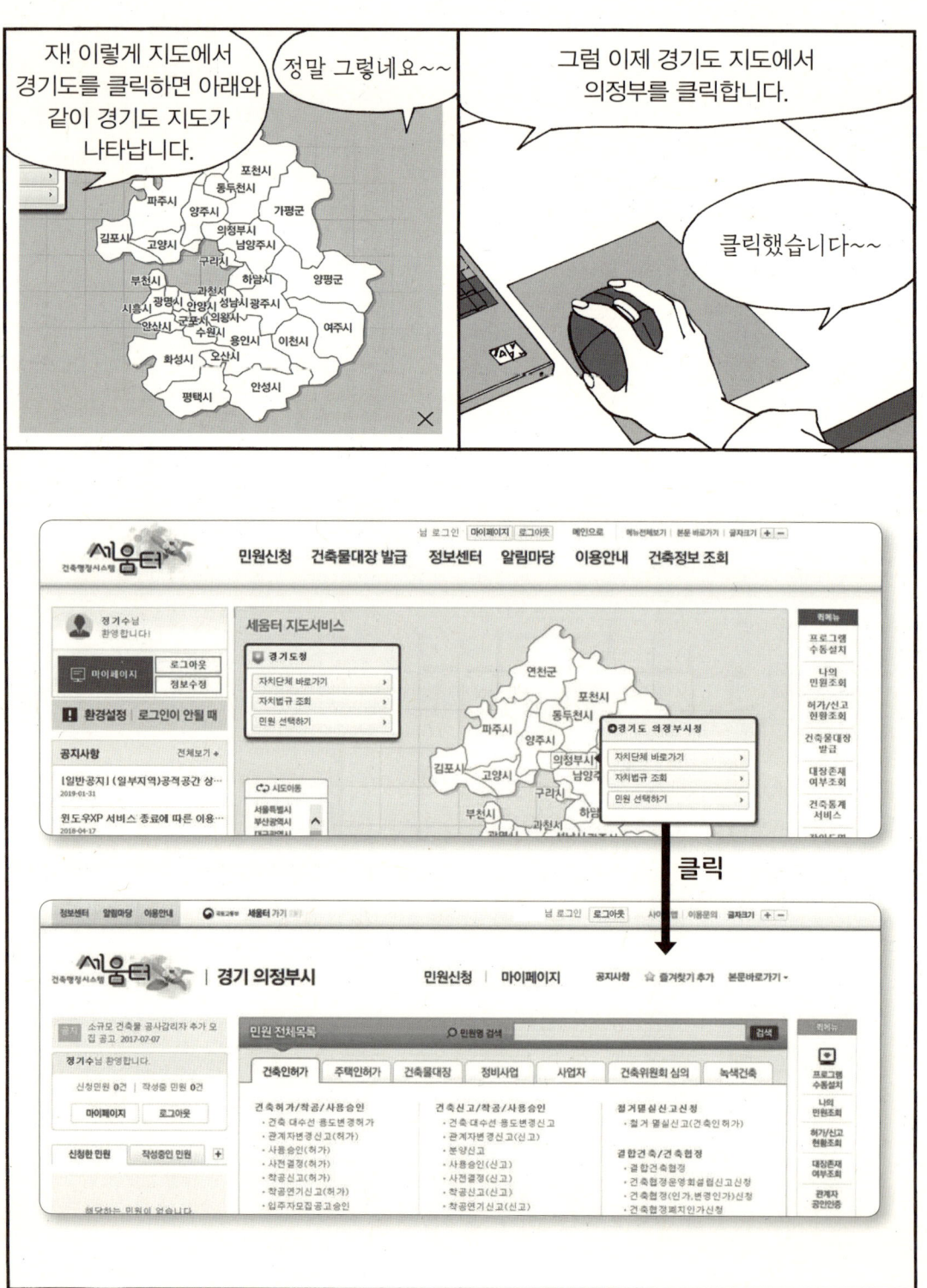

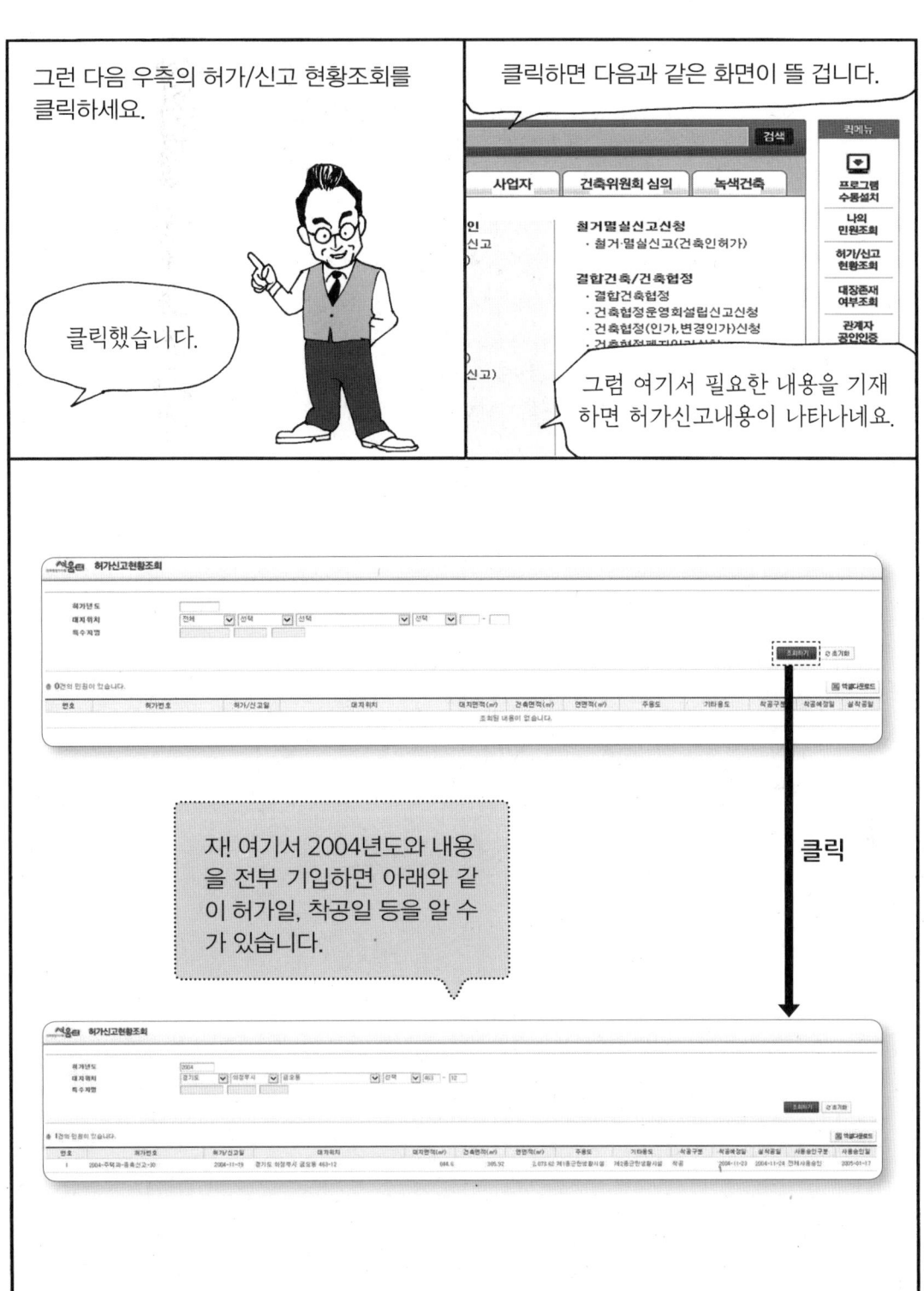

충주 2018타경 2093호

소 재 지	충북 충주시 산척면 송강리 산22-6 [일괄]103-5, 산21-3, 산22-7, 104-5, 외7 도로명주소				
경매구분	임의경매	채 권 자	강남대부캐피탈		
용 도	임야	채무/소유자	문부남외1	매 각 기 일	19.03.18(월)10:00
감 정 가	779,191,000 (18.05.23)	청 구 액	600,690,411	다 음 예 정	19.04.22 (319,157,000원)
최 저 가	398,946,000 (51%)	토지면적	9,641.0 ㎡ (2,916.4평)	경매개시일	18.04.25
입찰보증금	10%~30% (확인요망)	건물면적	0.0 ㎡ (0.0평)	배당종기일	18.07.03
주의사항	·재매각물건 ·일부지분 ·법정지상권 ·입찰외 ·농지취득자격증명 특수件분석신청				

  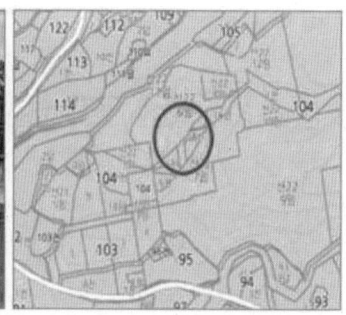

소재지/감정요약	물건번호/면적(㎡)	감정가/최저가/과정	임차조사	등기권리
충북 충주시 산척면 송강리 산22-6 감정평가액 토지:366,022,000 **감정평가서요약** - 2018.05.01.자로매각대상부동산산22-6(임야,4154㎡)가산22-6(임야,809㎡), 산22-16(임야,463㎡), 산22-17(임야,447㎡), 산22-18(임야,569㎡), 산22-19(임야,574㎡), 산22-20(임야,620㎡), 산22-21(임야,467㎡), 산22-22(임야,205㎡)로분할 - 정확한 허가내용및승계취득관한사항관계 부서에 확인 요하는 바	물건번호: 단독물건 임야 4154.0 (1,256.58평) ₩366,022,000 현:개발행위득하여 부지조성, 도로 입찰외제시외소유자미상신축중건물, 구조물 소재 법정지상권성립여지 있음	감정가 779,191,000 · 토지 779,191,000 (100%) (평당 267,176) 최저가 398,946,000 (51.2%) **경매진행과정** ① 779,191,000 2018-08-06 유찰 ② 20%↓ 623,353,000 2018-09-10 유찰 ③ 20%↓ 498,682,000 2018-10-15 유찰 ④ 20%↓ 398,946,000 2018-11-19 매각	**법원임차조사** *소유자나 점유자를 만나거나 연락을 취할 수 없어 점유관계는 확인을 할 수가 없는 상태임. 신축중인 콘크리트조 스라브지붕 주택 2동, 3번에 콘크리트타설작업(바닥기초공사) 소재	소유권 문부남외1 2016.01.13 전소유자:조후연 근저당 강남대부캐피탈 2017.07.27 825,000,000 지상권 강남대부캐피탈 2017.08.07 30년 압 류 파주세무서 2017.11.13 가압류 윤태용 2017.12.15 34,800,000 2017카단974청주충주 가압류 심상천 2018.03.12

※ 위 사례는 지지옥션(www.ggi.co.kr)에서 발췌한 내용입니다.

의정부 2016타경 26085호

소재지	경기 양주시 산북동 351-40 [일괄]353-2, 351-4, 351-34, 351-35, 외9 (11497) 경기 양주시 평화로1261번길 96-23				
경매구분	임의경매	채권자	MCI대부		
용 도	단독주택	채무/소유자	이미재	매각기일	19.02.19 변경
감정가	5,881,606,000 (17.06.09)	청구액	1,105,000,000	다음예정	미정
최저가	2,881,987,000 (49%)	토지면적	11,178.0 ㎡ (3,381.3평)	경매개시일	16.10.07
입찰보증금	288,198,700 (10%)	건물면적	144.5 ㎡ (43.7평)	배당종기일	16.12.26
주의사항	· 유치권 · 법정지상권 · 입찰외 　특수件분석신청				

  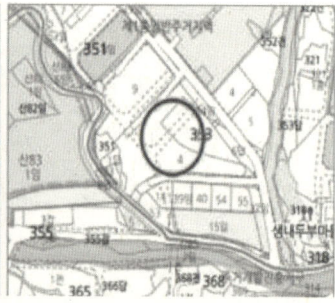

소재지/감정요약	물건번호/면적(㎡)	감정가/최저가/과정	임차조사	등기권리
(11497) 경기 양주시 산북동 351-40 [평화로1261번길 96-23] 감정평가액 토지:260,580,000 건물:173,388,000 수목:9,910,000 **감정평가서요약** - 철콘조철콘지붕 - 대부분사다리형남하향 환경사지 - 북측및북서측8m내외 도로접함 - 소로2류(8-10m)접함 - 난방설비 - 건물은건축법상사용승인을받지않은등기건물	물건번호: 단독물건 대지 430.0 (130.07평) ₩260,580,000 건물 · 1층주택 94.1 (28.48평) ₩173,388,000 · 2층주택 50.4 (15.23평) · 수목 ₩9,910,000 수목(소나무외1식) 식재(일부타지상) 경계석포함 · 총2층	감정가　5,881,606,000 ·대지　5,698,308,000 (96.88%) (평당 1,685,222) ·건물　173,388,000 (2.95%) (평당 3,966,781) ·수목　9,910,000 (0.17%) 최저가　2,881,987,000 (49.0%) **경매진행과정** ① 5,881,606,000 2018-09-18 유찰 ② 30%↓ 4,117,124,000	**법임임차조사** (주)서암 유치권행사 (주)엘테크 유치권행사 민주식 (보) 30,000,000 주거 점유기간 2016.09.23- 박근재 (보) 11,000,000 강슬건설중기 유치권행사 정기정 (보) 30,000,000 예코리빙산업 유치권행사	**건물** 소유권 이미재 2017.03.13 임 의 MCI대부 2017.03.13 2016타경29220 압 류 노원세무서 2017.05.25 압 류 국민건강보험공단 2017.06.07 의정부지사 압 류 해운대세무서 2018.03.12 *建공동제외임 **토지** 소유권 이미재 2012.10.31

자! 이 물건은 토지와 건물이 경매에 나왔지만 경매에 포함되지 않은 미등기건물 2채가 있습니다.

그럼 이 2채의 법정지상권을 알아야 한다는 말씀이시죠?

그렇습니다. 이 물건의 대지에는 2013.08.29.에 근저당이 설정되었으니까 이때 건축이 되었는가를 확인하면 되겠습니다.

교수님 그럼 항공사진으로 먼저…

```
                         부천**새마을금고
                         2013.08.29.(근저당)
토지 ─────────┬─────────────────┬─────────────
         2012.10.31.                      2014.09.19.(가압류)
         소유자 이*재                        석*레미콘
```

자! 토지에 대하여 분석을 하니까 이렇게 나왔습니다.

그럼 2013.08.29에 건축여부만 확인하면…?

그렇습니다.

교수님! 빨리 보시죠~~

2013년 항공사진

2015년 항공사진

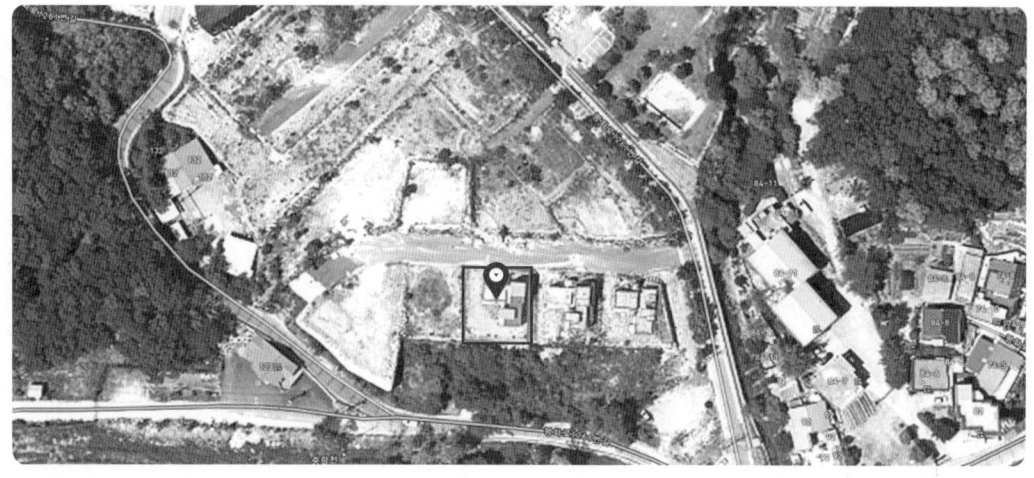

여주 2018타경 6247호

소재지	경기 여주시 산북면 송현리 7-6 [일괄]7-2, 8-5, 327, 도로명주소				
경매구분	강제경매	채권자	이OO		
용도	답	채무/소유자	윤OO	매각기일	19.01.16 취하
감정가	389,901,800 (18.09.03)	청구액	61,400,000	종국결과	19.01.14 취하
최저가	389,901,800 (100%)	토지면적	3,129.0 ㎡ (946.5평)	경매개시일	18.08.10
입찰보증금	38,990,180 (10%)	건물면적	0.0 ㎡ (0.0평)	배당종기일	18.11.13
주의사항	· 법정지상권 · 입찰외 · 농지취득자격증명 특수件분석신청				

  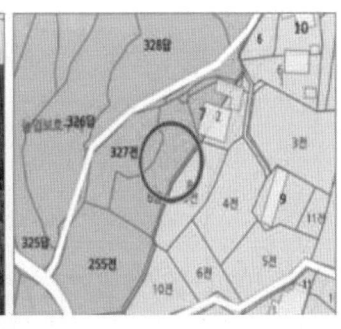

소재지/감정요약	물건번호/면적(㎡)	감정가/최저가/과정	임차조사	등기권리

경기 여주시 산북면 송현리 7-6
 	
감정평가액
 토지:127,635,000
 	
감정평가서요약
- 북서측으로약3-4m내외도로접합
 	
- 일괄입찰
- 송현마을북축인근
- 주위단독주택,농경지,임야등혼재한농촌지대
- 차량접근가능
- 인근버스(정)소재
	물건번호: 단독물건
	
	답 1005.0
	 (304.01평)
	 ₩127,635,000
	현:정원,전
	입찰외제시외
	· 파고라 6.0
	 (1.82평)
	 ₩800,000
	7-6, 327지상
	 (감정:800,000)
	
	법정지상권성립여부
	등권리관계확인후입
	찰요망
	농취증필요(또는농지가아니라는증명제
		감정가 389,901,800
		 · 토지 389,901,800
		  (100%)
		
		(평당 411,932)
		
		최저가 389,901,800
		  (100.0%)
		
		경매진행과정
		
		2019-01-16 취하
			법원임차조사
			
			*소유자점유
				소유권 윤OO
				 2004.03.03
				
				근저당 낙생농협
				 2012.07.27
				 221,000,000
				
				지상권 낙생농협
				 2012.07.27
				 30년
				
				근저당 낙생농협
				 2013.10.02
				 65,000,000
				
				강제 이봉자
				 2018.08.10
				*청구액:61,400,000원

2011년 항공사진

충주 2018타경 3171호

소재지	충북 음성군 금왕읍 내송리 425 (27631) 충북 음성군 금왕읍 금일로191번길 54-8				
경매구분	임의경매	채권자	금○○○		
용도	대지	채무/소유자	정○○	매각기일	19.01.07 매각
감정가	59,985,000 (18.07.12)	청구액	30,372,172	종국결과	19.01.11 기각
최저가	38,390,000 (64%)	토지면적	645.0 m² (195.1평)	경매개시일	18.06.26
입찰보증금	3,839,000 (10%)	건물면적	0.0 m² (0.0평)	배당종기일	18.09.03
주의사항	· 유치권 · 법정지상권 · 입찰외 특수件분석신청				

  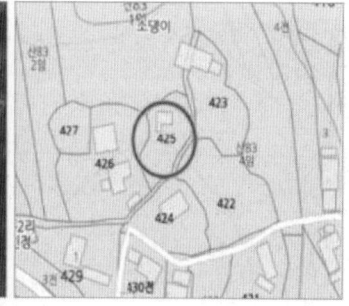

소재지/감정요약	물건번호/면적(m²)	감정가/최저가/과정	임차조사	등기권리
(27631) 충북 음성군 금왕읍 내송리 425 [금일로191번길 54-8] **감정평가서요약** - 소댕이마을내위치 - 인근농촌마을,농경지, 임야등형성 - 차량접근가능 - 인근에지방도(583호선)및노선버스(정)소재 - 제반교통사정보통 - 부정형등고평탄지 - 남동측노폭약3m내외 도로접함 - 건축법제2조제1항제11호나목에따른도로(도로일부포함)	물건번호: 단독물건 대지 645.0 (195.11평) ₩59,985,000 입찰외제시외 · 1층주택 57.6 (17.42평) ₩93,600,000 · 2층주택 36.0 (10.89평) · 보일러실 3.0 (0.91평) ₩100,000 (감정:98,700,000) 법정지상권성립여지 있음 경제적가치미미한조 경수및석축인조경석 포함	감정가 59,985,000 · 토지 59,985,000 (100%) (평당 307,442) 최저가 38,390,000 (64.0%) **경매진행과정** ① 59,985,000 2018-10-15 유찰 ② 20%↓ 47,988,000 2018-11-19 유찰 ③ 20%↓ 38,390,000 2019-01-07 매각 매수인 서○○○○ 응찰수 11명	**법원임차조사** ·목적물 소유자나 점유자를 만나거나 연락을 취할 수 없어 점유관계는 확인을 할 수가 없는 상태임	근저당 금왕신협 2016.04.21 36,000,000 지상권 금왕신협 2016.04.21 30년 소유권 정○○ 2016.07.27 전소유자:선경옥 가처분 미래기업 2016.10.27 2016카단4125서울남부 임의 금왕신협 2018.06.26 *청구액:30,372,172원 채권총액 36,000,000원

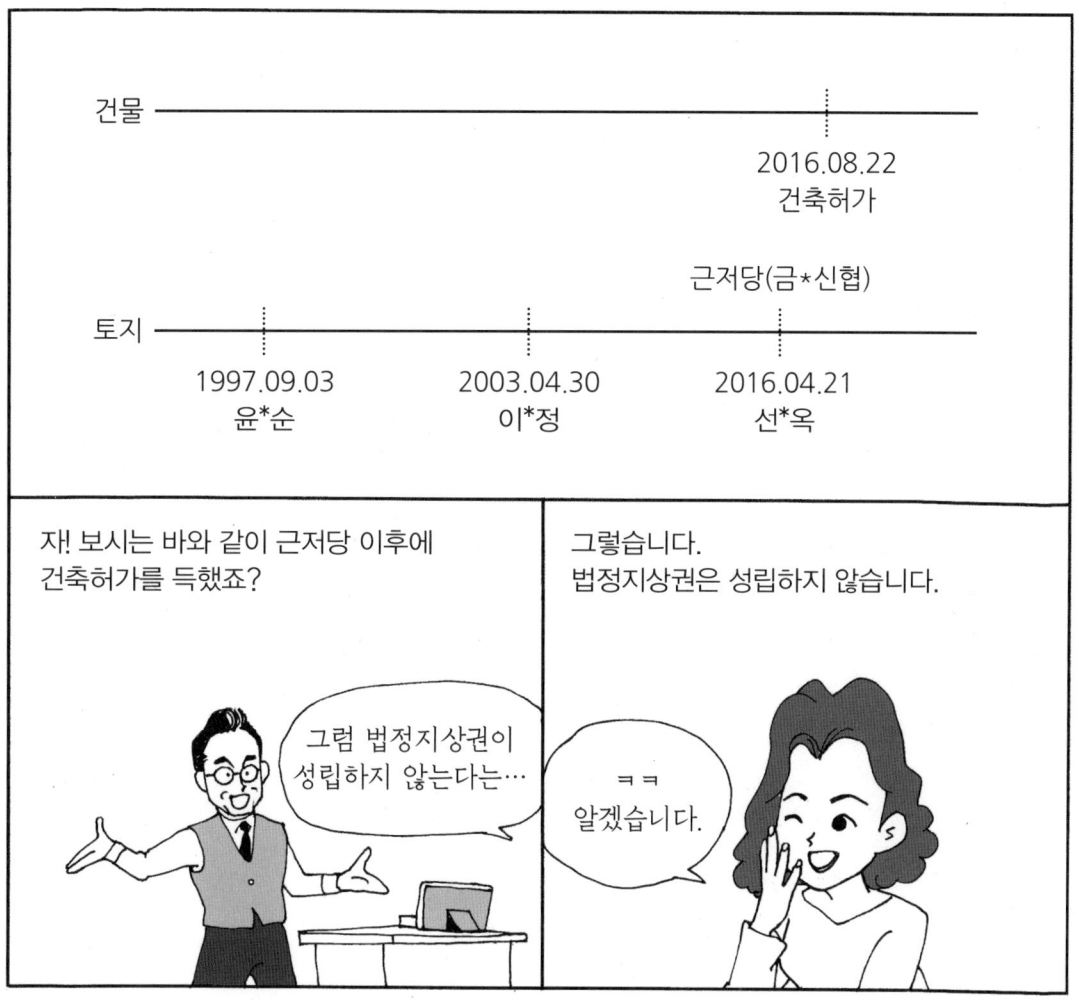

의정부 2018타경 7422(1)호

소재지	경기 가평군 조종면 신상리 224 [일괄]224-2, 227, 234, 산46, 외1 (12434) 경기 가평군 조종면 운악청계로491번길 8-44				
경매구분	임의경매	채권자	농협자산관리		
용도	전	채무/소유자	강희종/강여임외1	매각기일	19.01.16 변경
감정가	2,114,491,000 (18.04.09)	청구액	2,184,409,816	다음예정	미정
최저가	1,480,144,000 (70%)	토지면적	40,785.0 ㎡ (12,337.5평)	경매개시일	18.03.28
입찰보증금	148,014,400 (10%)	건물면적	0.0 ㎡ (0.0평)	배당종기일	18.06.18
주의사항	· 유치권 · 법정지상권 · 일부맹지 · 입찰외 · 농지취득자격증명 특수件분석신청				

  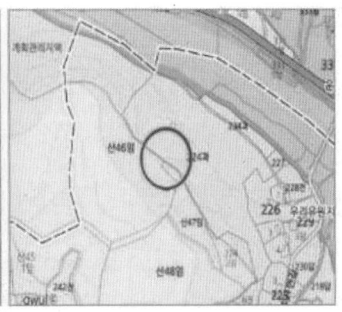

소재지/감정요약	물건번호/면적(㎡)	감정가/최저가/과정	임차조사	등기권리
(12434) 경기 가평군 조종면 신상리 224 [운악청계로491번길 8-44] 감정평가액 토지:1,371,040,000 **감정평가서요약** - 건축신고(2016-허가민원과-신축신고-190)를 필한상태로서실시조사일현재이용상황및부지 조성정도등을감안하여 평가하였으며, 허가관청에유선으로확인하였는바재확인바람 - 부정형경사지, 주거나지(건축신고필)상태 - 지적도상맹지이나인근토지통하여진축인가	물건번호: 1번 (총물건수 2건) 1)전 15580.0 (4,712.95평) ₩1,371,040,000 입찰외제시외 ·주택 68.0 (20.57평) ₩17,000,000 ·주택 90.5 (27.38평) ₩22,625,000 ·사무실 60.0 (18.15평) ₩18,000,000 ·사무실 60.0 (18.15평) ₩18,000,000 (감정:75,625,000) 법정지상권성립불분명	감정가 2,114,491,000 · 토지 2,114,491,000 (100%) (평당 171,388) 최저가 1,480,144,000 (70.0%) **경매진행과정** ① 1,371,040,000 2018-11-07 변경 ① 2,114,491,000 2018-12-12 유찰 ② 30%↓ 1,480,144,000 2019-01-16 변경 법원기일내역	**법원임차조사** *현지 방문시 아무도 만나지 못하여 점유관계를 알 수 없고, 인접 토지와의 경계 등은 별도의 확인이 필요함. 부지 형태로 제시외 판넬조 구조물 2동 소재,제시외 미완성 주택 2동 소재(바닥공사는 완료되었고 벽체 등이 공사되다 중단된 상태임).옹벽이 설치되어 있고 곳곳에 건축자재가 적치되어 있음	근저당 농협자산관리 1997.10.23 163,000,000 근저당 농협자산관리 2004.08.17 555,000,000 근저당 농협자산관리 2006.04.06 210,000,000 지상권 농협자산관리 2006.04.06 30년 근저당 농협자산관리 2008.08.27 336,000,000 근저당 농협자산관리 2010.04.14 480,000,000 근저당 농협자산관리

의정부 2018타경 11315호

소 재 지	경기 양주시 백석읍 방성리 24-6 [도로명주소]				
경매구분	임의경매	채 권 자	백석농협		
용 도	답	채무/소유자	이재욱	매각기일	19.03.05 변경
감 정 가	419,299,000 (18.05.29)	청 구 액	213,947,400	다음예정	미정
최 저 가	143,819,000 (34%)	토지면적	1,831.0 m² (553.9평)	경매개시일	18.05.15
입찰보증금	14,381,900 (10%)	건물면적	0.0 m² (0.0평)	배당종기일	18.08.06
주의사항	· 법정지상권 · 맹지 · 입찰외 · 농지취득자격증명 [특수件분석신청]				

  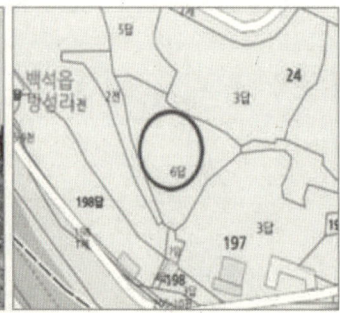

소재지/감정요약	물건번호/면적(m²)	감정가/최저가/과정	임차조사	등기권리
경기 양주시 백석읍 방성리 24-6 **감정평가서요약** - 백석읍사무소북동측인근 - 차량접근가능 - 버스(정)인근소재 - 대중교통사정보통 - 부정형평탄지 - 남측도로개설되어있으나 지적상맹지 - 생산녹지지역 - 비행안전구역 - 제한보호구역 - 성장관리권역 - 배출시설설치제한지역 - 반환공여구역주변지역	물건번호: 단독물건 답 1831.0 (553.88평) ₩419,299,000 현:전,축사 입찰외제시외 · 창고등 102.0 (30.86평) ₩20,400,000 · 축사 40.0 (12.10평) ₩2,000,000 (감정:22,400,000) 농취증필요	감정가 419,299,000 · 토지 419,299,000 (100%) (평당 757,021) 최저가 143,819,000 (34.3%) **경매진행과정** ① 419,299,000 2018-10-02 유찰 ② 30%↓ 293,509,000 2018-11-06 유찰 ③ 30%↓ 205,456,000 2018-12-11 유찰 ④ 30%↓ 143,819,000	**법원임차조사** *현지조사시 아무도 만나지 못하여 점유관계 등을 알 수 없으며, 전입세대열람결과 등재자도 없으므로 점유관계 등 별도의 확인을 요함	소유권 이재욱 1989.07.31 근저당 백석농협 방성지소 1994.07.01 30,000,000 근저당 백석농협 방성 2005.12.28 165,000,000 근저당 백석농협 방성 2008.03.13 26,000,000 근저당 백석농협 방성 2008.12.22 6,500,000

재! 이 사건도 토지만 경매에 나왔는데 지상에 창고가 있습니다.

이번에는 창고네요?

그렇습니다. 경매물건을 보면 비닐하우스 같은 것도 "법정지상권 성립유무 알 수 없음"이라는 문구를 많이 볼 수가 있습니다.

그런 물건은 법정지상권이 없잖아요?

그렇습니다. 그런 경우 전혀 법정지상권이 성립될 여지가 없는 거죠.

저도 그렇게 생각합니다.

토지의 소유권과 근저당권은 이렇습니다

토지 ────────┬──────────────┬────────
            1989.07.31.   1994.07.01
            소유자 이*욱   근저당(백*농협)

1994.07.01.이 기준점이네요?

2009년 항공사진

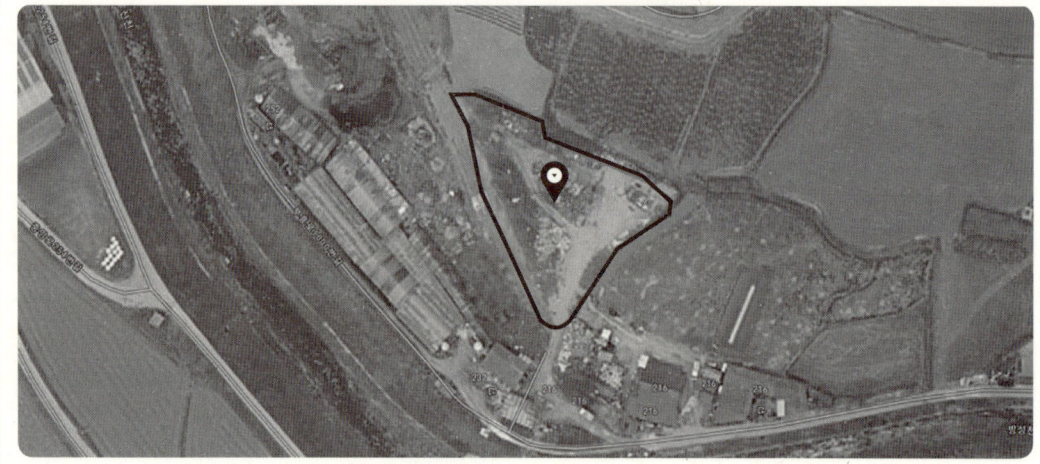

2016년 항공사진

성남 2017타경 14439호

소 재 지	경기 광주시 초월읍 지월리 760-51 [일괄]760-61, 760-62, 760-105, 760-103, 외14			도로명주소	
경매구분	임의경매	채 권 자	기협기술금융대부		
용 도	임야	채무/소유자	태성에스엔피	매각기일	19.03.18(월)10:00
감 정 가	1,236,833,830 (17.12.27)	청 구 액	700,000,000	다음예정	19.04.22 (606,049,000원)
최 저 가	865,784,000 (70%)	토지면적	3,024.3 ㎡ (914.9평)	경매개시일	17.12.11
입찰보증금	173,156,800 (20%)	건물면적	0.0 ㎡ (0.0평)	배당종기일	18.06.14
주의사항	・재매각물건・유치권・일부지분・법정지상권・입찰외 특수件분석신청				

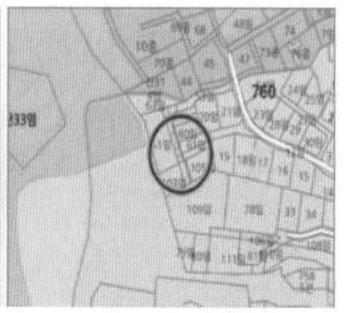

소재지/감정요약	물건번호/면적(㎡)	감정가/최저가/과정	임차조사	등기권리
경기 광주시 초월읍 지월리 760-51 감정평가액 토지:453,102,000 **감정평가서요약** - 2017-14439(2)감정평가서(2018.04.26) - 개발행위허가(목적,단독주택부지조성)및건축신고후토목공사및건축물신축이진행중인상태이며각각일단독주택신축신고득한것으로관할행정기간으로부터조사되었으나탐문조사된내용으로허가유효여부,허가내용,건축신고	물건번호: 단독물건 임야 962.0 (291.00평) ₩453,102,000 현:제시외건부지등 입찰외제시외소유자 미상건물2개동,이동 가능한컨테이너2개 동,건축자재등소재	감정가 1,236,833,830 ・토지 1,236,833,830 (100%) (평당 1,351,938) 최저가 865,784,000 (70.0%) **경매진행과정** ① 1,236,833,830 2018-07-16 변경 ① 1,236,833,830 2018-10-29 유찰 ② 30%↓ 865,784,000 2018-12-03 매각 매수인 조OO		소유권 태성에스엔피 2015.06.29 전소유자:장우승 근저당 기협기술금융대부 2015.06.29 910,000,000 지상권 기협기술금융대부 2015.06.29 30년 근저당 미래종합자산관리 2016.08.05 1,050,000,000 압 류 국민건강보험공단 2017.05.16 용인서부 임 의 기협기술금융대부 2017.12.11 청구액 700,000,000원

고양 2018타경 5238호

소 재 지	경기 파주시 법원읍 법원리 469-6 (10826) 경기 파주시 법원읍 술이홀로934번길 86				
경매구분	임의경매	채 권 자	천현농협		
용 도	답	채무/소유자	윤수용	매각기일	19.01.08 (31,100,000원)
감 정 가	26,019,000 (18.05.10)	청 구 액	22,931,717	다음예정	
최 저 가	26,019,000 (100%)	토지면적	177.0 m² (53.5평)	경매개시일	18.04.26
입찰보증금	2,601,900 (10%)	건물면적	0.0 m² (0.0평)	배당종기일	18.07.20
주의사항	· 법정지상권 · 입찰외 · 농지취득자격증명 특수件분석신철				

  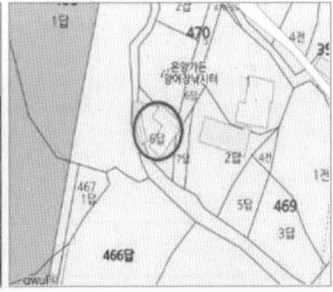

소재지/감정요약	물건번호/면적(m²)	감정가/최저가/과정	임차조사	등기권리
(10826) 경기 파주시 법원읍 법원리 469-6 [술이홀로934번길 86] **감정평가서요약** - 법원초등학교남동측인근 - 주위단독주택과농경지,임야,중소규모공장 등소재 - 차량출입가능 - 대중교통상황보통 - 버스(정)인근소재 - 전용허가를득하지않고 토지현황이변경될경우 향후원상회복명령이발하여질가능성있다는법원읍의사실조회회신있음 - 등고평탄한부정형토지 - 북측노폭약3m내외비포장도로이용하여출입	물건번호: 단독물건 답 177.0 (53.54평) ₩26,019,000 현:잡종지상태 농취증필요 입찰외제시외주택7 1.5m², 철망으로된울타리소재 법정지상권성립여부불분명	감정가 26,019,000 · 토지 26,019,000 (100%) (평당 485,973) 최저가 26,019,000 (100.0%) **경매진행과정** ① 26,019,000 2018-11-27 매각 매수인 김OO 응찰수 2명 매각가 28,569,800 (109.80%) 2위 26,100,000 (100.31%) 차순위 이OO 신고 26,100,000	**법원임차조사** 김종석 전입 2017.09.22 주거 *현장 방문시 아무도 만나지 못하였고,주민등록표에는 김종석이 등재되어 있으므로 점유관계 등은 별도의 확인요망.임차인 김종석은 주민등록등재자이고, 임차내역은 주민등록등재 내용에 의한 것임	소유권 윤수용 1993.05.01 근저당 천현농협 2005.03.22 630,000,000 근저당 천현농협 2008.04.10 390,000,000 임 의 천현농협 2018.04.27 *청구액:22,931,717원 압 류 파주시 2018.05.11 채권총액 1,020,000,000원 열람일자 : 2018.11.12

04 법정지상권 관련 판례

No	판결요지	사건번호	페이지
1	법정지상권이 미치는 범위는?	77다921판결	75
2	관습상의 법정지상권을 취득한 자가 그 부지에 대한 사용허가를 얻어 사용료를 납부한 경우 관습상의 법정지상권 포기여부는?	75다170판결	77
3	대지에 관한 관습상의 법정지상권을 취득한 자가 대지소유자와 동 임대차계약을 체결한 경우에 관습상의 법정지상권은?	80다2243판결	80
4	관습상의 법정지상권이 성립하였으나 건물소유자가 토지소유자와 사이에 건물의 소유를 목적으로 하는 토지임대차 계약을 체결한 경우 관습상의 법정지상권은?	92다3984판결	82
5	당사자 간에 그 건물을 철거한다는 조건이나 특약이 없는 경우 토지소유자에 대하여 건물소유자가 그 건물을 위한 관습법상의 법정지상권을 갖는지 여부	83다카2245판결	84
6	건물을 철거한다는 특약이 없는 한 관습법상의 법정지상권 성립여부 및 이때 건물의 허가나 등기가 필요한지 여부	87다카2404판결	86
7	건물을 철거하기로 하는 합의가 있었다는 등의 특별한 사정에 대한 입증책임은?	87다카279판결	88
8	저당권설정 당시 법정지상권의 성립을 배제키로 한 특약의 효력은?	87다카1564판결	91
9	건물을 철거하되 건물을 다시 신축하기로 합의한 경우 관습법상의 법정지상권은?	98다58467판결	94
10	동일인이 소유하던 토지와 그 지상건물이 매매 기타 원인으로 각각 소유자를 달리하게 되었으나 그 토지의 점유사용에 관하여 당사자 사이에 약정이 있는 것으로 볼 수 있는 경우, 관습법상의 법정지상권이 성립하는지 여부?	2005다41771, 41788판결	96
11	법정지상권 지료를 정함에 있어 건물에 의해 토지소유권이 제한받는 사정을 참작해야 하는지 여부	75다2066판결	98
12	공유토지 위에 건물을 소유하고 있는 토지공유자 중 1인이 그 토지지분만을 전매한 경우 관습상의 법정지상권은?	86다카2188판결	100

No	판결요지	사건번호	페이지
13	토지공유자의 한 사람이 다른 공유자의 지분 과반수의 동의를 얻어 건물을 신축한 후 토지와 건물의 소유자가 달라진 경우 관습법상의 법정지상권은?	92다55756판결	104
14	공유물분할을 위한 경매(형식적경매)가 목적부동산 위의 부담을 소멸시키는 것을 법정매각조건으로 하는지 및 위와 달리 그 부담을 매수인에게 인수시키는 경우 집행법원이 취할 조치는?	2006다37908판결	107
15	매매된 토지의 대금완불 전에 당해 토지 위에 건물의 신축을 허락한 것은 지상권설정의 합의로 볼 수 있는지 여부 및 당해 매매계약이 해제된 경우 관습에 의한 법정지상권은?	87다카2895판결	111
16	관습에 의한 법정지상권이 있는 건물의 경락인이 토지의 전득자에게 지상권으로 대항할 수 있는지 여부	90다16214판결	114
17	대지에 대한 저당권과 함께 설정된 지상권이 경매로 소멸한 경우, 저당권설정 전부터 있던 건물을 위한 법정지상권은?	91다23462판결	116
18	아파트회사에서 부지를 매입하여 수위실 등을 건축하여 미등기상태로 주민들에게 양도한 후, 부지를 제3자에게 매도한 경우 관습법상 법정지상권은?	92다49218판결	118
19	토지소유자가 지상권자의 지료연체를 이유로 지상권 소멸청구를 하여 지상권이 소멸된 경우 지상물매수청구권은?	93다10781판결	121
20	동일인 소유의 토지와 그 지상건물에 관하여 공동저당권이 설정된 후 그 건물이 철거되고 다른 건물이 신축된 경우, 저당물의 경매로 인하여 토지와 신축건물이 서로 다른 소유자에게 속하게 될 경우 법정지상권은?	98다43601 전원합의체 판결	123
21	대지 및 지상건물이 함께 매도되었으나 대지에 관하여만 소유권이전등기가 마쳐진 경우 관습상 법정지상권은?	93다26687판결	127
22	대지상에 담보가등기가 경료되고 나서 대지소유자가 그 지상에 건물을 신축한 후 본등기가 경료되어 대지와 건물의 소유자가 달라진 경우 관습상의 법정지상권은?	94다5458판결	130

No	판결요지	사건번호	페이지
23	토지와 건물의 소유자가 동일인이었다가 매수인의 의사에 따라 건물만이 매도된 경우 관습상의 법정지상권은?	95다9075, 9082 (반소)판결	132
24	나대지에 저당권이 설정된 후 저당권설정자가 그 위에 건물을 건축하고 경매로 인하여 그 토지와 건물의 소유자가 달라진 경우 법정지상권은?	95마1262결정	135
25	관습법상 법정지상권을 가진 자로부터 경매에 의해 건물의 소유권을 경락받은 경우 지상권 취득은?	95다52864판결	137
26	강제경매로 인하여 관습상의 법정지상권이 성립하기 위한 조건, 즉 토지와 건물의 소유자는?	70다1454판결	140
27	건물소유를 위한 관습상 법정지상권의 성립요건인 '토지와 그 지상건물이 동일인 소유에 속하였는지'를 판단하는 기준시기는?	2009다62059판결	143
28	등기를 갖추지 아니한 건물매수인에 대한 대지소유자의 건물 철거 가능여부는?	88다카4017판결	147
29	동일인 소유의 토지와 지상건물 중 건물양수인이 미등기건물인 관계로 소유권이전등기를 경료하지 못한 사이에 토지에 설정된 저당권이 실행되어 토지와 건물의 소유자가 달라진 경우 법정지상권은?	91다6658판결	150
30	미등기건물을 대지와 함께 매도하였으나 대지에 관하여만 매수인 앞으로 소유권이전등기가 경료된 경우, 관습상의 법정지상권이 성립하는지 여부	2002다9660 전원합의체 판결	153
31	환지처분으로 인하여 토지와 그 지상건물의 소유자가 달라진 경우, 관습법상 법정지상권의 성립여부	2001다4101판결	158
32	甲과 乙의 구분소유적 공유지분토지에 乙이 건물을 소유하던 중 乙의 토지지분이 경매된 경우 乙의 관습법상의 법정지상권 취득은?	89다카24094판결	160

No	판결요지	사건번호	페이지
33	구분소유적 공유관계에 있는 토지의 공유자들이 그 토지 위에 각자 독자적으로 별개의 건물을 소유하면서 그 토지 전체에 대하여 저당권을 설정하였다가 그 저당권의 실행으로 토지와 건물의 소유자가 달라지게 된 경우 법정지상권의 성립 여부는?	2004다13533판결	163
34	관습상 법정지상권을 취득한 토지소유자가 그 토지를 전득한 제3자에 대하여 법정지상권을 주장할 수 있는지 여부	70다2576판결	166
35	법정지상권이 성립한 건물을 양수한 자의 지상권설정등기청구권은?	80다2873판결	169
36	토지에 저당권을 설정할 당시 그 지상에 건물이 존재하였고 그 양자가 동일인의 소유였다가 그 후 저당권의 실행으로 토지가 낙찰되기 전에 건물이 제3자에게 양도된 경우, 건물을 양수한 제3자가 법정지상권을 취득하는지 여부	99다52602판결	171
37	토지를 매수하여 사실상 처분권한을 가진 자가 그 지상에 건물을 신축한 후 그 건물이 강제경매된 경우 관습상의 법정지상권은?	93다56053판결	174
38	저당권설정 당시에 신탁으로 토지와 건물의 소유자가 달랐던 경우 법정지상권은?	93다47318판결	177
39	법정지상권에 관한 지료가 결정되지 아니한 경우, 2년 이상 지료 미지급을 이유로 한 지상권소멸청구의 가부	93다52297판결	179
40	토지의 소유가 원인무효로 밝혀져 등기가 말소된 경우 관습상의 법정지상권은?	98다64189판결	181
41	대지소유자가 그 지상건물을 타인과 함께 공유하면서 그 단독소유의 대지만을 타에 매도한 경우에 관습상의 법정지상권 취득은?	76다388판결	183
42	건물공유자의 1인이 그 건물의 부지인 토지를 단독으로 소유하면서 그 토지에 관하여만 저당권을 설정하였다가 위 저당권에 의한 경매로 토지소유자가 달라질 경우 법정지상권은?	2010다67159판결	186
43	토지에 관한 저당권설정 당시 그 지상에 건물이 토지소유자에 의하여 건축 중이었고, 그 건물의 규모, 종류가 외형상 예상할 수 있는 정도까지 건축이 진전되어 있는 경우 법정지상권은?	92다7221판결	188

No	판결요지	사건번호	페이지
44	토지소유자가 건물을 신축할 당시 이미 토지를 타에 매도하여 소유권을 이전하여 줄 의무를 부담하고 있었다면 그 건물을 위한 관습상의 법정지상권은?	94다41072, 94다41089 (반소)판결	191
45	지상건물이 없는 토지에 관하여 근저당권 설정 당시 근저당권자가 건물의 건축에 동의한 경우 법정지상권의 성립여부는?	2003다26051판결	194
46	토지에 대한 저당권설정 당시 토지소유자에 의해 건물이 건축 중이었던 경우 법정지상권이 인정되기 위한 건물의 요건은?	2003다29043판결	196

법정지상권이 미치는 범위는?

❹ 법정지상권 관련 판례

대법원 1977.7.26.선고 77다921판결 【부당이득금반한】

관습상의 법정지상권을 취득한 자가 그 부지에 대한 사용허가를 얻어 사용료를 납부한 경우 관습상의 법정지상권 포기여부는?

대법원 1975.11.25.선고 75다170판결 【부당이득금반환】

대지에 관한 관습상의 법정지상권을 취득한 자가 대지소유자와 동 임대차 계약을 체결한 경우에 관습상의 법정지상권은?

대법원 1981.7.7.선고 80다2243판결 【토지인도등】

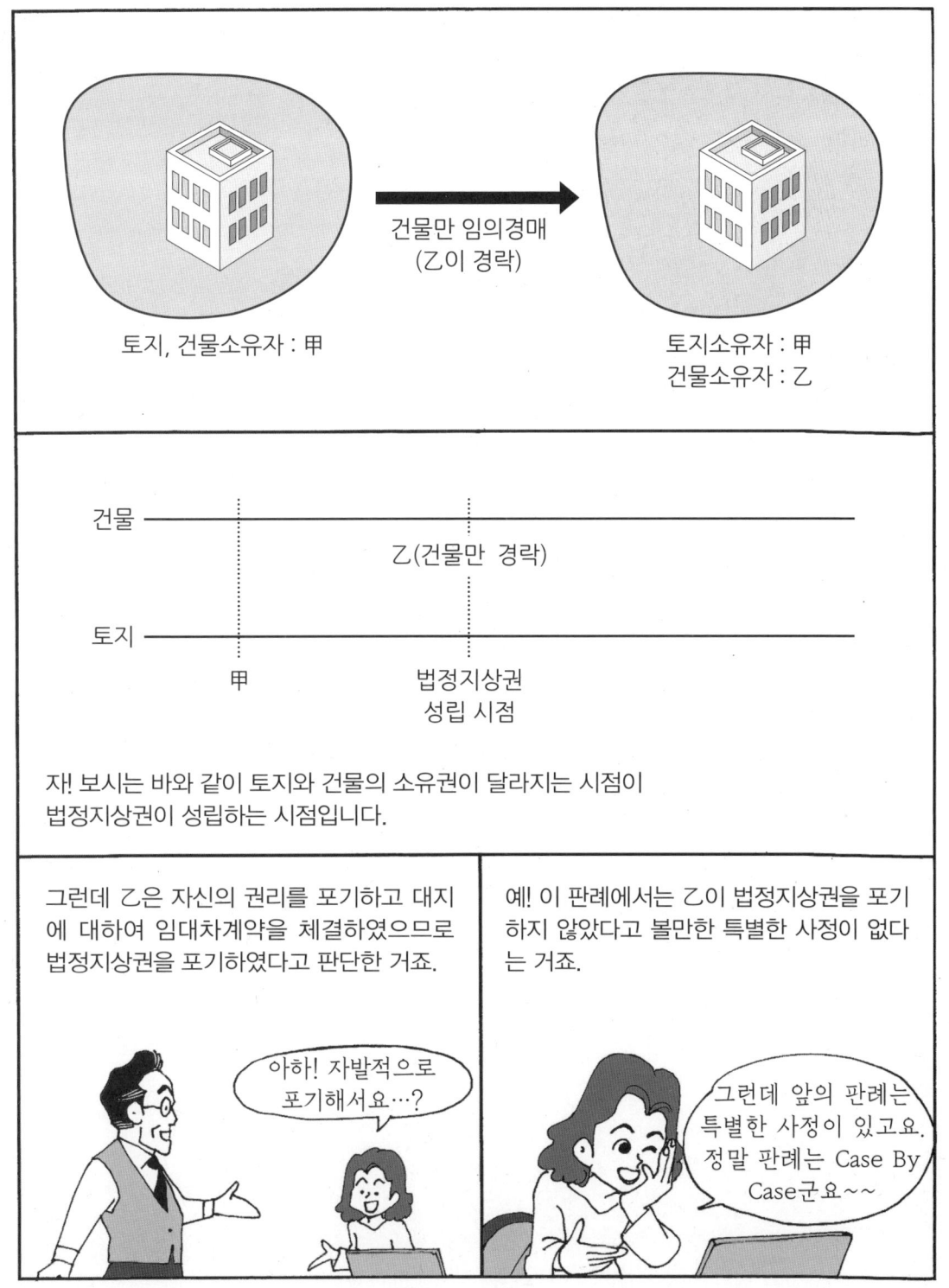

관습상의 법정지상권이 성립하였으나 건물소유자가 토지소유자와 사이에 건물의 소유를 목적으로 하는 토지임대차 계약을 체결한 경우 관습상의 법정지상권은?

당사자 간에 그 건물을 철거한다는 조건이나 특약이 없는 경우 토지소유자에 대하여 건물소유자가 그 건물을 위한 관습법상의 법정지상권을 갖는지 여부

대법원 1984.9.11.선고 83다카2245판결 【건물철거등】

건물을 철거한다는 특약이 없는 한 관습법상의 법정지상권 성립여부 및 이때 건물의 허가나 등기가 필요한지 여부

대법원 1988.4.12.선고 87다카2404판결 【건물철거】

건물을 철거하기로 하는 합의가 있었다는 등의 특별한 사정에 대한 입증책임은?

대법원 1988.9.27.선고 87다카279판결 【건물철거등】

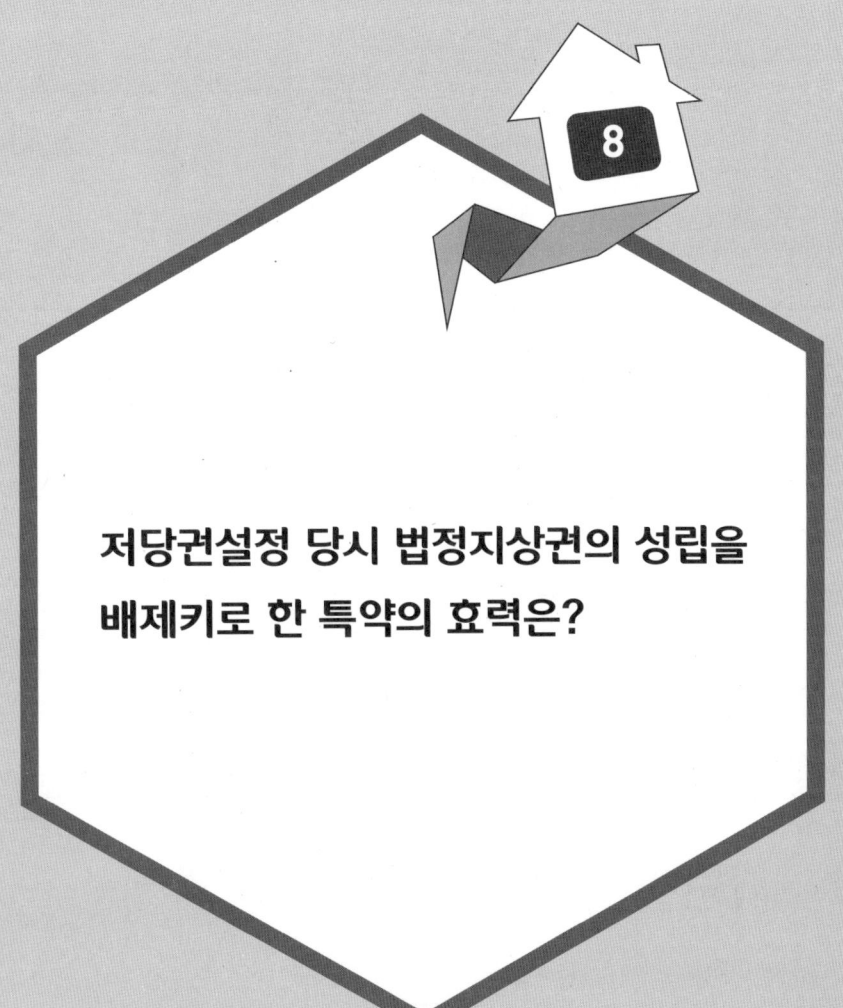

저당권설정 당시 법정지상권의 성립을 배제키로 한 특약의 효력은?

대법원 1988.10.25.선고 87다카1564판결 【건물명도】

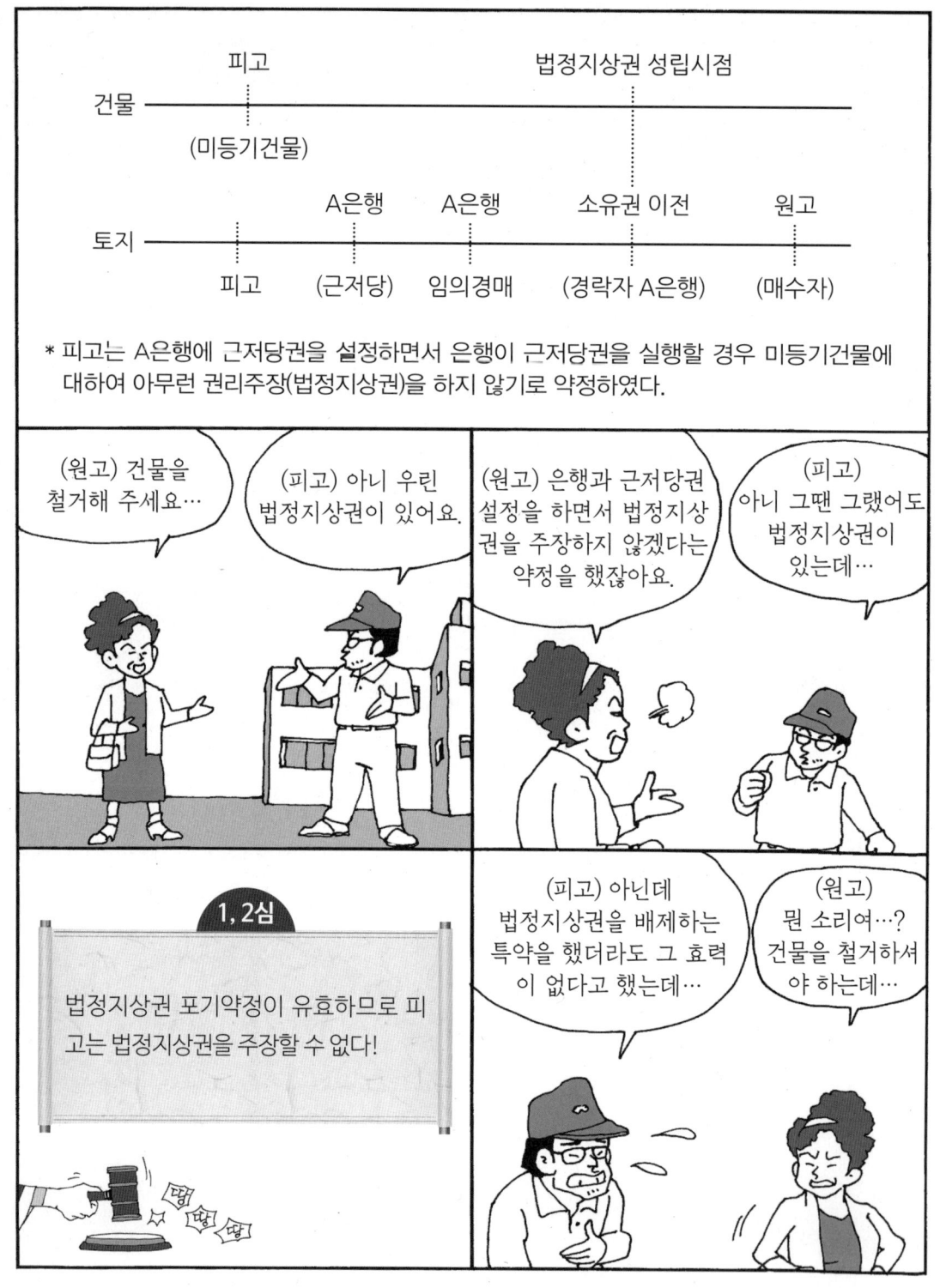

건물을 철거하되 건물을 다시 신축하기로 합의한 경우 관습법상의 법정지상권은?

대법원 1999.12.10.자 98다58467판결 【건물철거등】

- 법정지상권이 언제, 어떻게 성립하는 것은 알고 계시죠?

- 그렇습니다. 그러나 예외가 있다는 것도 아시죠?

- 토지와 건물이 동일한 소유자에게 속하였다가 건물 또는 토지만의 매매 등의 원인으로 양자의 소유자가 달라지게 된 때 발생하는…

- 어떤 예외요?

- 그 건물을 철거하기로 하는 합의가 있었다는 등의 특별한 사유가 있으면 법정지상권을 취득하지 못한다는 거죠.

- 또한 관습상의 법정지상권은 타인의 토지 위에 건물을 소유하는 것을 본질적 내용으로 하는 권리가 아니라, 건물의 소유를 위하여 타인의 토지를 사용하는 것을 본질적 내용으로 하는 권리라고 하죠.

- 아하! 건물을 철거하기로 한 사전의 약정…

- 타인의 토지 위에 건물을 소유하는 것이 아니라, 건물의 소유를 위하여 타인의 토지를 사용하는 것을 본질적 내용으로 …?

- 이 사건에서와 같이 건물의 소유자가 구 건물을 철거하되 그 지상에 자신의 이름으로 건물을 다시 신축하기로 한 경우는 …

- 그렇죠. 이렇게 당사자 간 합의가 있으면 법정지상권 발생을 배제하는 효력이 없다는 거죠.

- 교수님! 그럼 토지를 계속 사용하고자 하는 당사자 간의 합의가 있는 거잖아요?

- 그렇군요~~

동일인이 소유하던 토지와 그 지상건물이 매매 기타 원인으로 각각 소유자를 달리하게 되었으나 그 토지의 점유 사용에 관하여 당사자 사이에 약정이 있는 것으로 볼 수 있는 경우, 관습법상의 법정지상권이 성립하는지 여부?

대법원 2008.2.15.선고 2005다41771,41788판결 【건물철거및토지인도등】

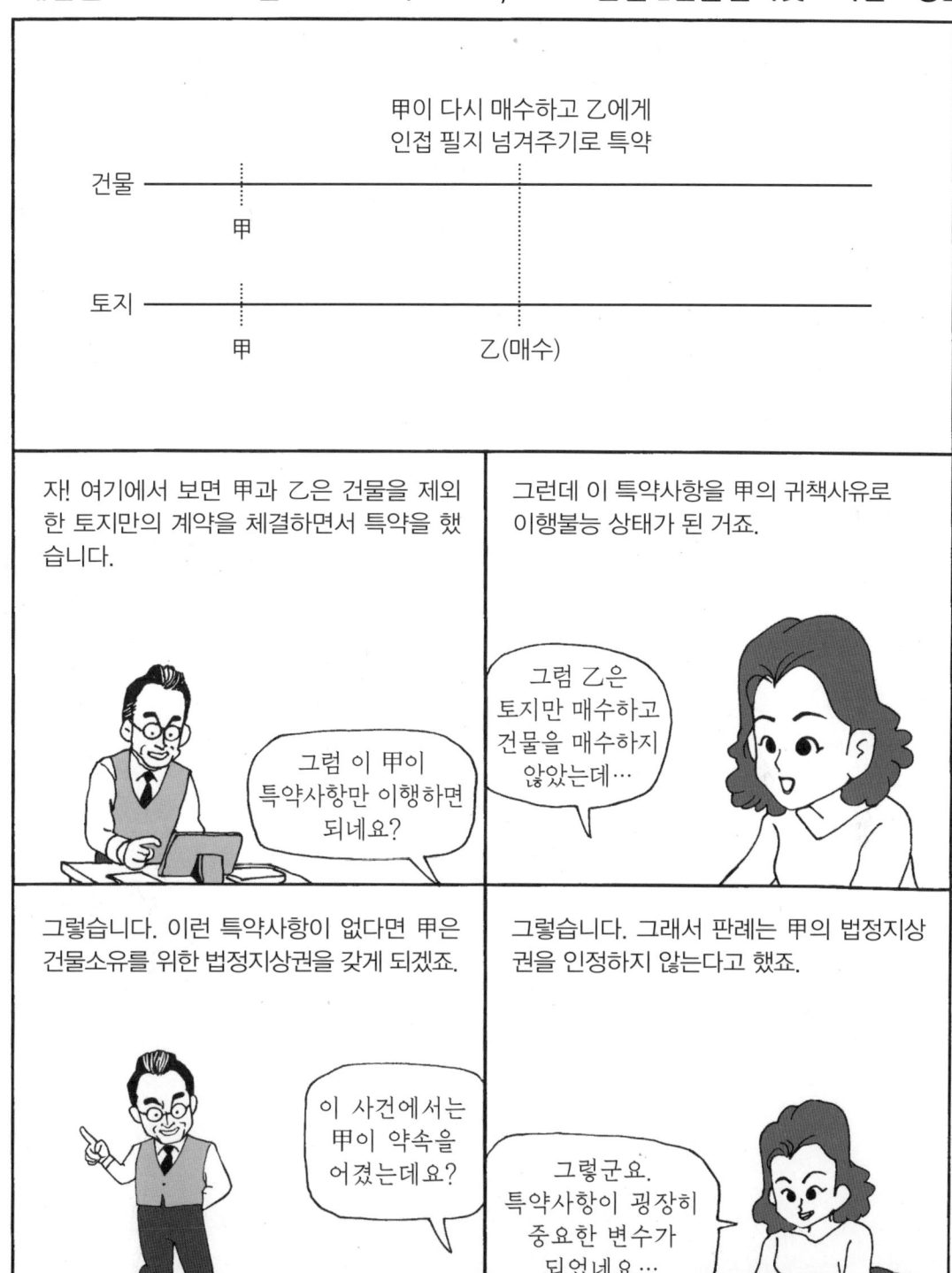

법정지상권 지료를 정함에 있어 건물에 의해 토지소유권이 제한받는 사정을 참작해야 하는지 여부

대법원 1975.12.23.선고 75다2066판결 【지료등】

공유토지 위에 건물을 소유하고 있는 토지공유자 중 1인이 그 토지지분만을 전매한 경우 관습상의 법정지상권은?

대법원 1987.6.23.선고 86다카2188판결 【건물철거등】

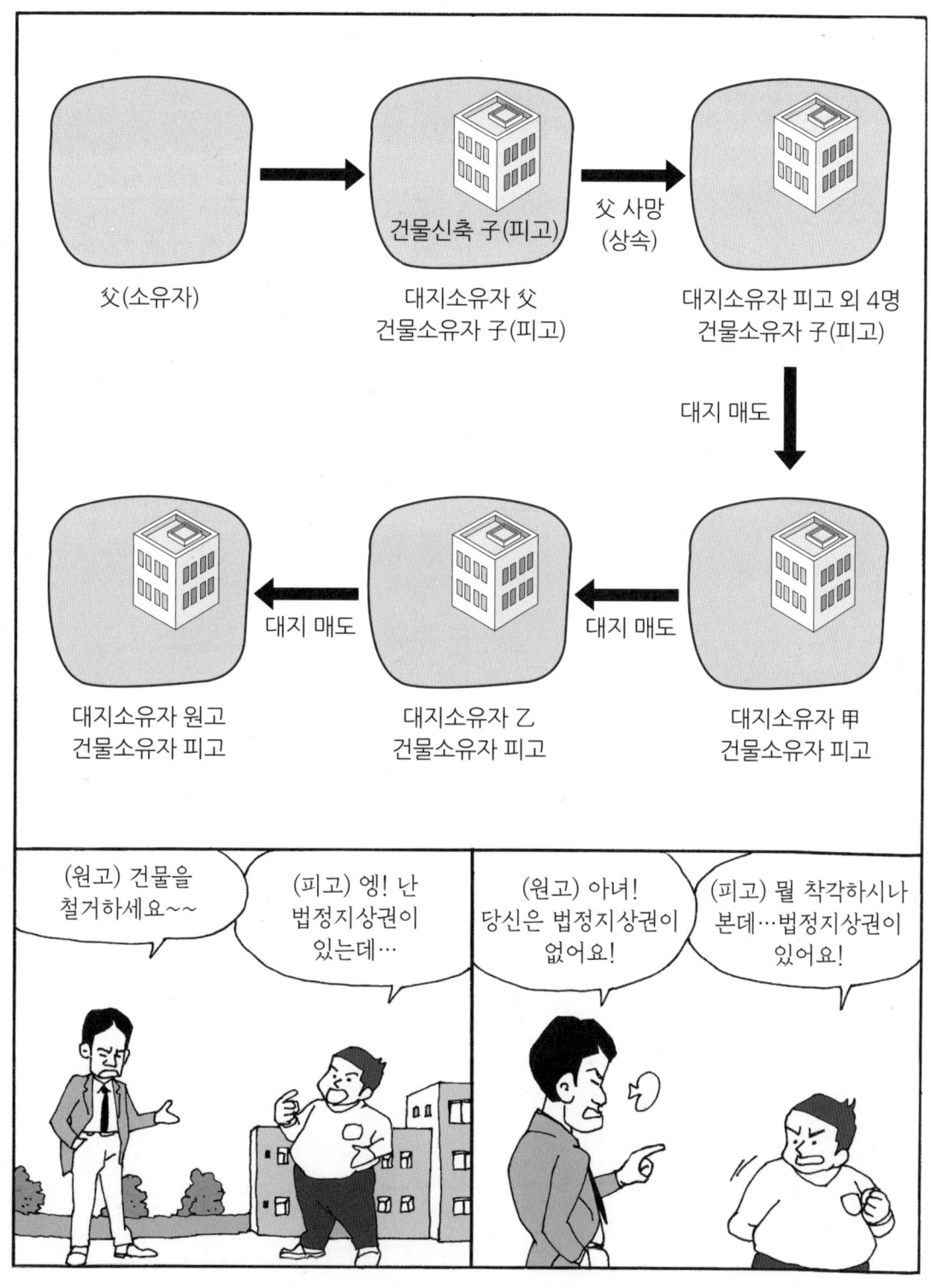

토지공유자의 한 사람이 다른 공유자의 지분 과반수의 동의를 얻어 건물을 신축한 후 토지와 건물의 소유자가 달라진 경우 관습법상의 법정지상권은?

대법원 1993.4.13.선고 92다55756판결 【건물철거등】

14

공유물분할을 위한 경매(형식적경매)가 목적부동산 위의 부담을 소멸시키는 것을 법정매각조건으로 하는지 및 위와 달리 그 부담을 매수인에게 인수시키는 경우 집행법원이 취할 조치는?

대법원 2009.10.29.선고 2006다37908판결 【가등기회복등기】

매매된 토지의 대금완불 전에 당해 토지 위에 건물의 신축을 허락한 것은 지상권설정의 합의로 볼 수 있는지 여부 및 당해 매매계약이 해제된 경우 관습에 의한 법정지상권은?

대법원 1988.6.28.선고 87다카2895판결 【건물철거등】

대법원

토지의 매매에 수반하여 토지소유자가 매수인으로부터 토지대금을 다 받기 전에 그 토지 위에 건물을 신축할 수 있도록 토지사용을 승낙하였다 하더라도 특별한 사정이 없는 한 매매당사자 사이에 그 토지에 관한 지상권설정의 합의까지도 있었던 것이라고 할 수 없다 할 것이므로 그 매매계약이 적법하게 해제된 경우에는 토지매수인은 당초에 토지사용승낙을 받아 그 토지 위에 건물을 신축중이었다 하더라도 그 토지를 신축건물의 부지로 점유할 권원을 상실하게 되는 것이고 또 당초에 건물과 그 대지가 동일인의 소유였다가 경매 등의 사유로 소유자를 달리하게 되는 경우가 아닌 이상 관습에 의한 법정지상권도 성립하지 아니한다.

관습에 의한 법정지상권이 있는 건물의 경락인이 토지의 전득자에게 지상권으로 대항할 수 있는지 여부

대법원 1991.6.28.선고 90다16214판결 【건물철거등】

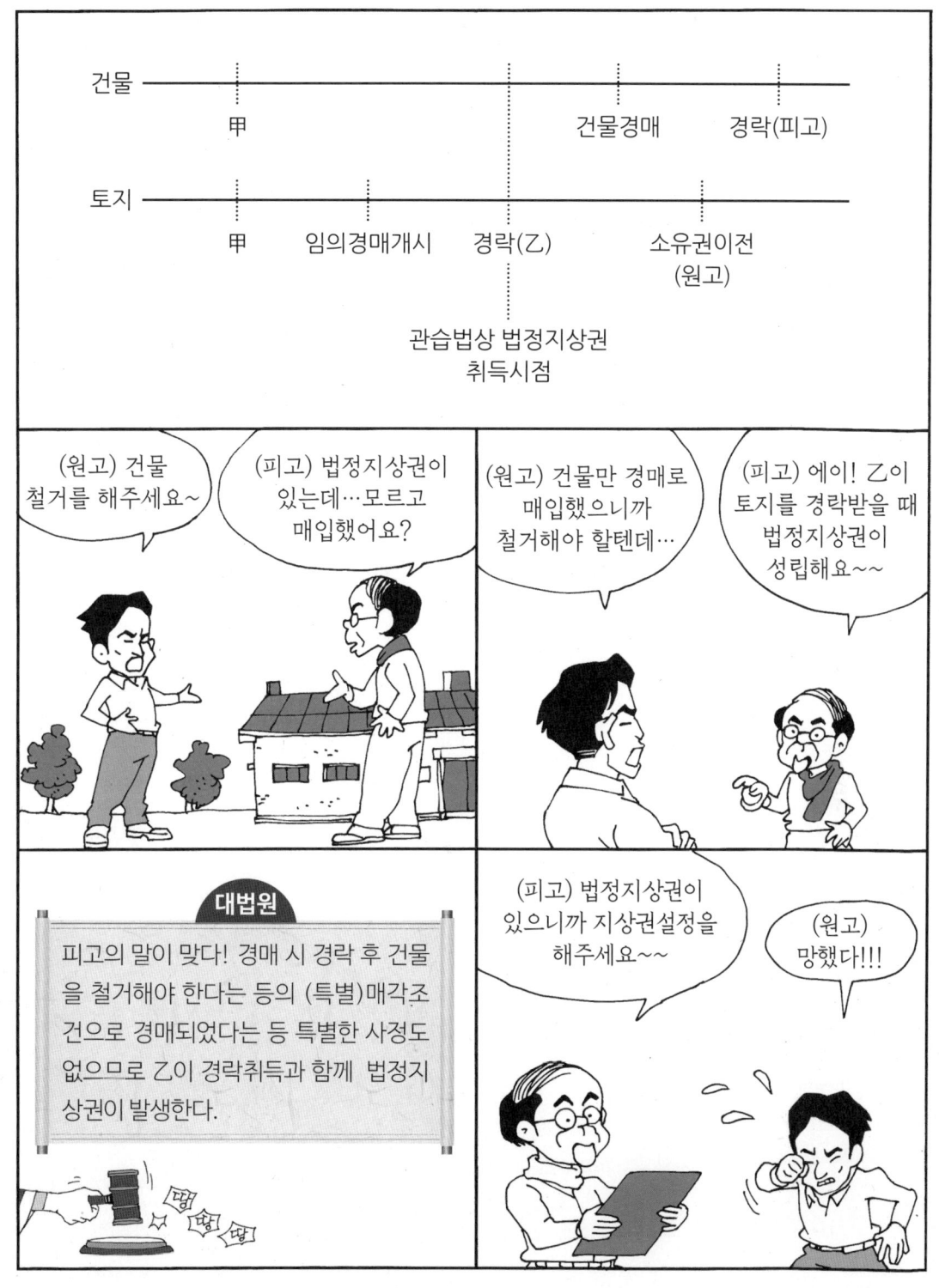

대지에 대한 저당권과 함께 설정된 지상권이 경매로 소멸한 경우, 저당권설정 전부터 있던 건물을 위한 법정지상권은?

대법원 1991.10.11.선고 91다23462판결 【가건물철거등】

아파트회사에서 부지를 매입하여 수위실 등을 건축하여 미등기상태로 주민들에게 양도한 후, 부지를 제3자에게 매도한 경우 관습법상 법정지상권은?

대법원 1993.2.23.선고 92다49218판결 【건물철거등】

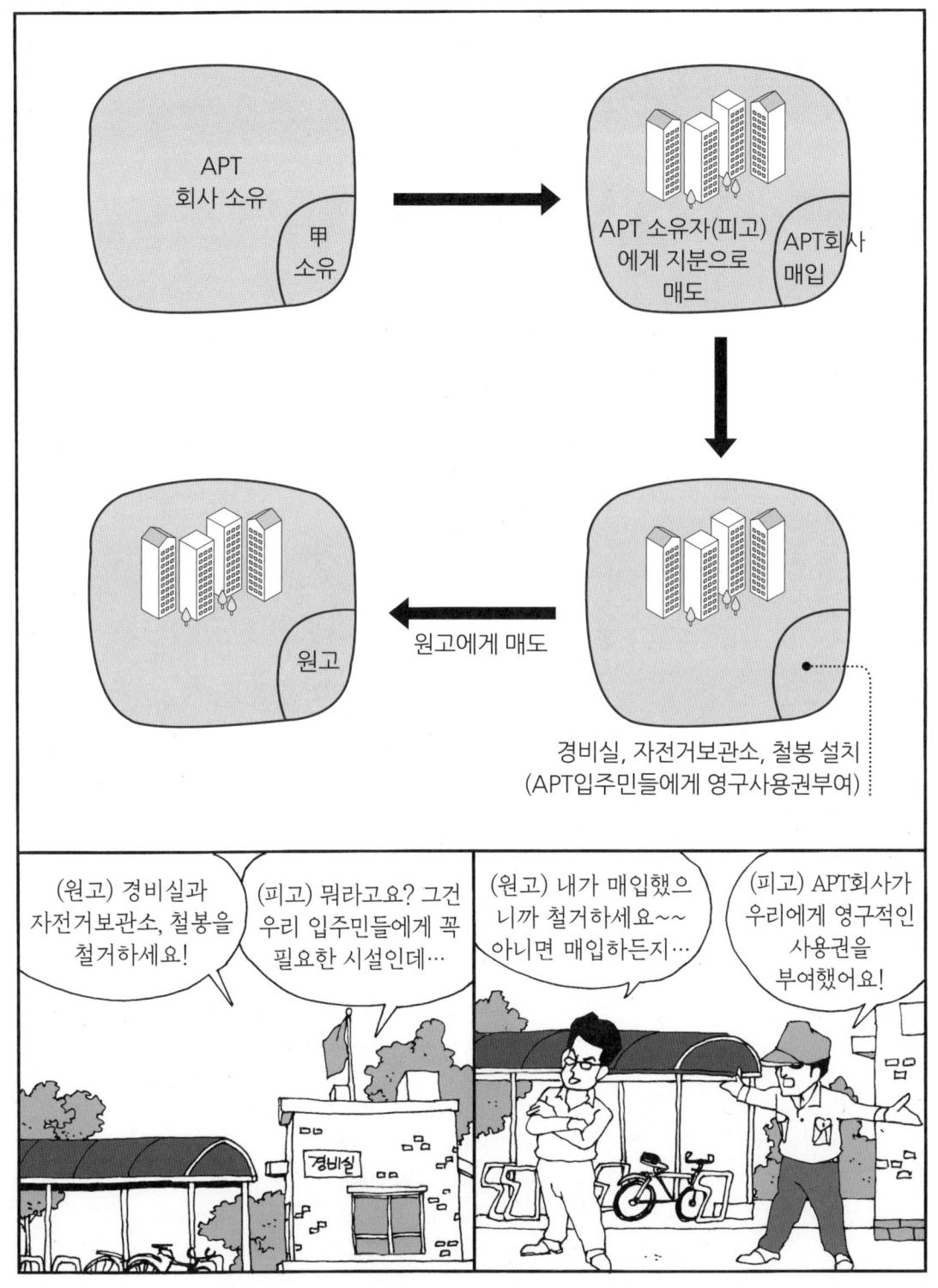

토지소유자가 지상권자의 지료연체를 이유로 지상권 소멸청구를 하여 지상권이 소멸된 경우 지상물매수청구권은?

대법원 1993.6.29.선고 93다10781판결 【지료금】

동일인 소유의 토지와 그 지상건물에 관하여 공동저당권이 설정된 후 그 건물이 철거되고 다른 건물이 신축된 경우, 저당물의 경매로 인하여 토지와 신축건물이 서로 다른 소유자에게 속하게 될 경우 법정지상권은?

대법원 2003.12.18.선고 98다43601 전원합의체 판결 【건물철거등】

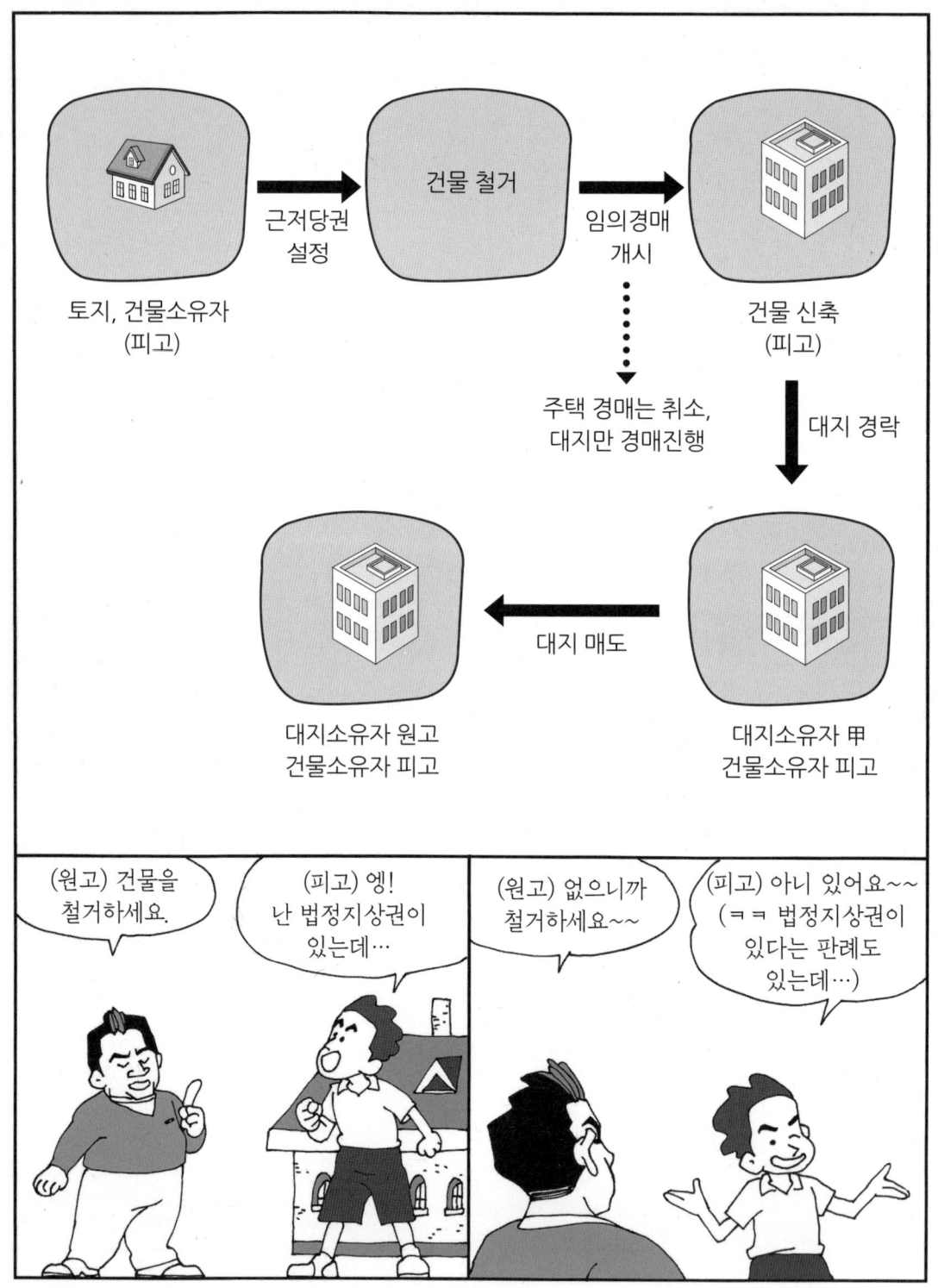

대지 및 지상건물이 함께 매도되었으나 대지에 관하여만 소유권이전등기가 마쳐진 경우 관습상 법정지상권은?

대법원 1993.12.28.선고 93다26687판결 【건물철거등】

대지상에 담보가등기가 경료되고 나서 대지소유자가 그 지상에 건물을 신축한 후 본등기가 경료되어 대지와 건물의 소유자가 달라진 경우 관습상의 법정지상권은?

대법원 1994.11.22.선고 94다5458판결 【지료】

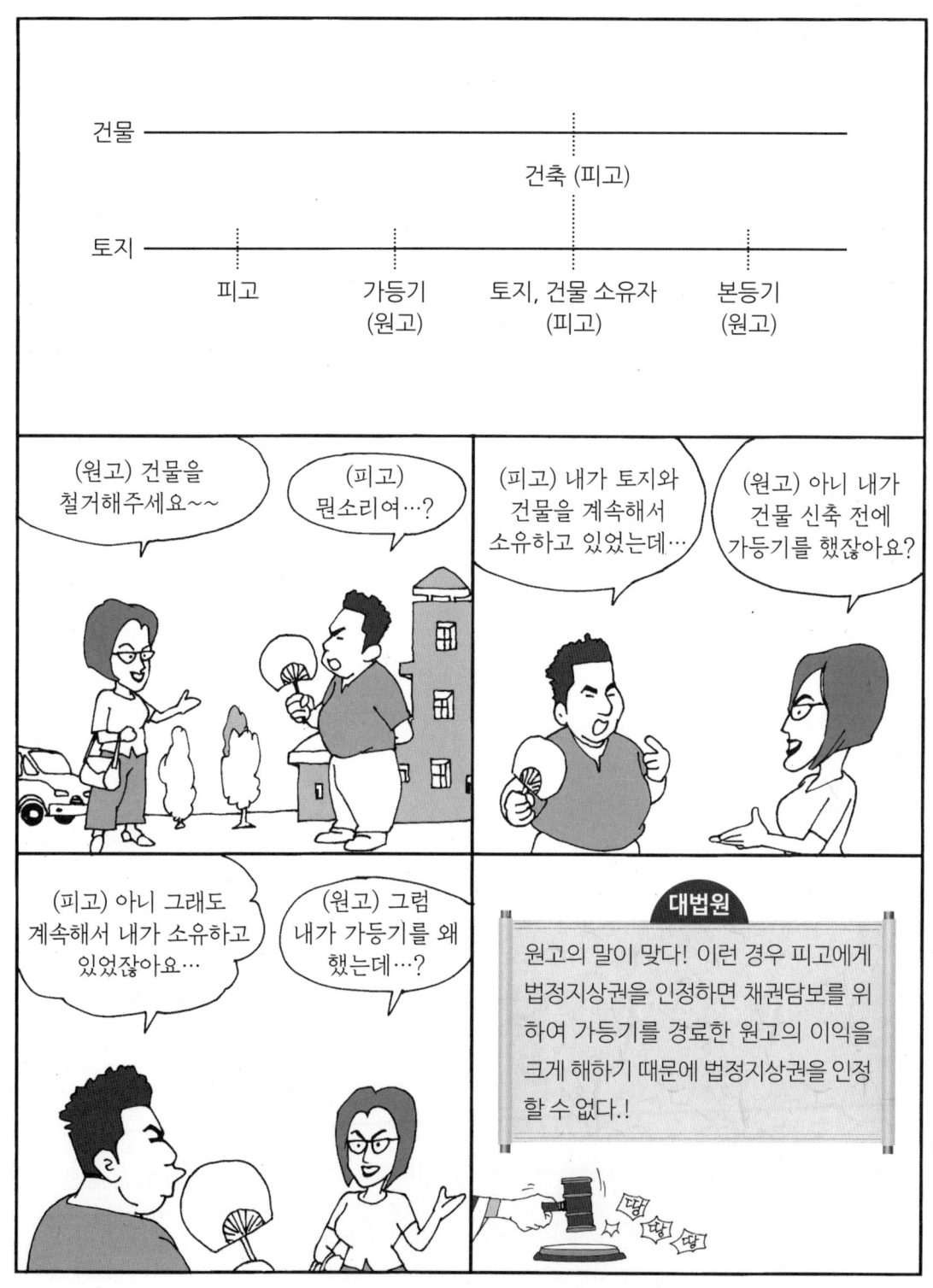

토지와 건물의 소유자가 동일인이었다가 매수인의 의사에 따라 건물만이 매도된 경우 관습상의 법정지상권은?

대법원 1995.7.28.자 95다9075,9082(반소)판결 【소유권이전등기,건물철거등】

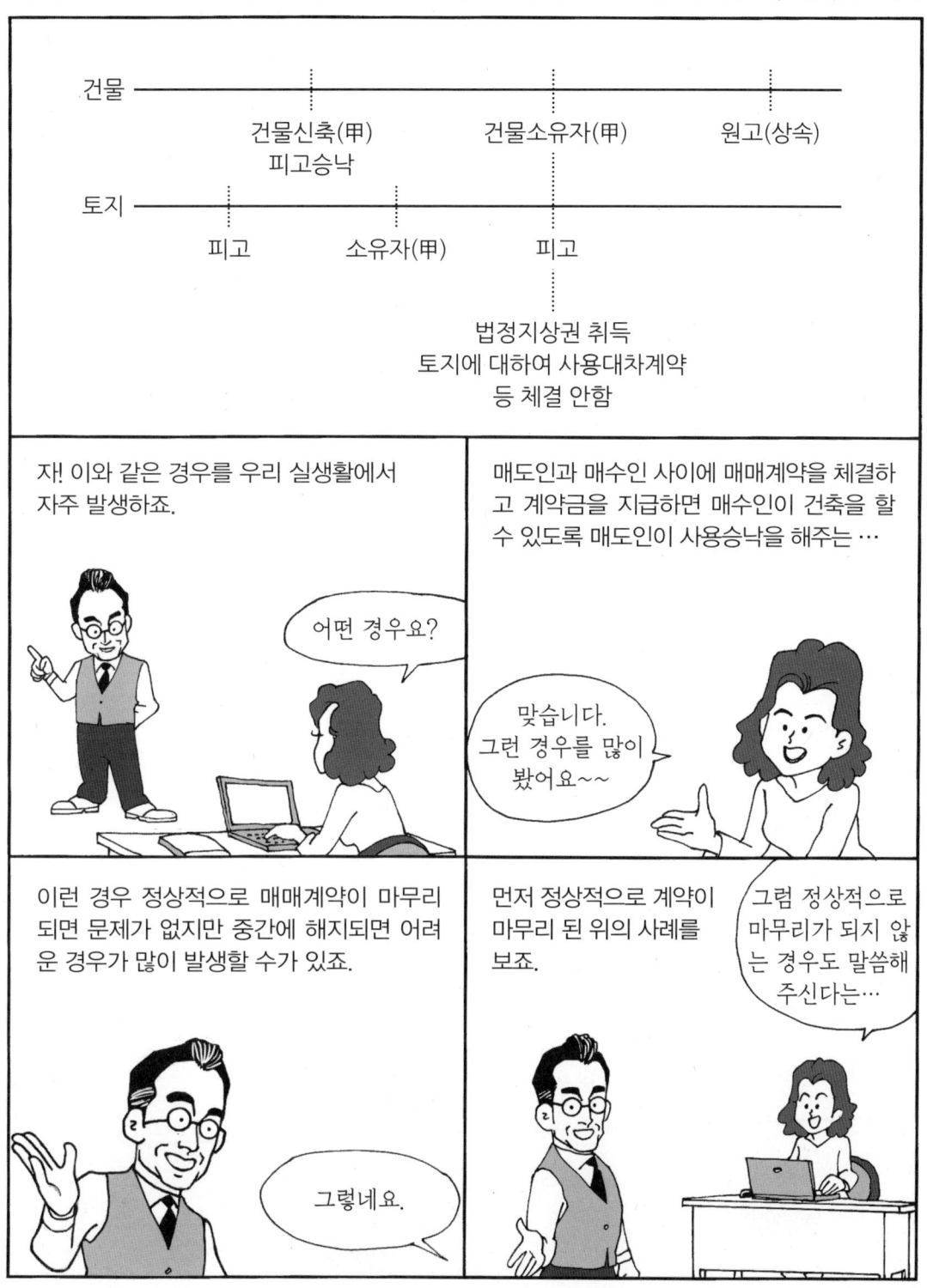

나대지에 저당권이 설정된 후 저당권 설정자가 그 위에 건물을 건축하고 경매로 인하여 그 토지와 건물의 소유자가 달라진 경우 법정지상권은?

대법원 1995.12.11.자 95마1262결정 【부동산임의경매신청기각】

관습법상 법정지상권을 가진 자로부터 경매에 의해 건물의 소유권을 경락받은 경우 지상권 취득은?

대법원 1996.4.26.자 95다52864판결 【건물철거등】

강제경매로 인하여 관습상의 법정지상권이 성립하기 위한 조건, 즉 토지와 건물의 소유자는?

대법원 1970.9.29.선고 70다1454판결 【건물수거등】

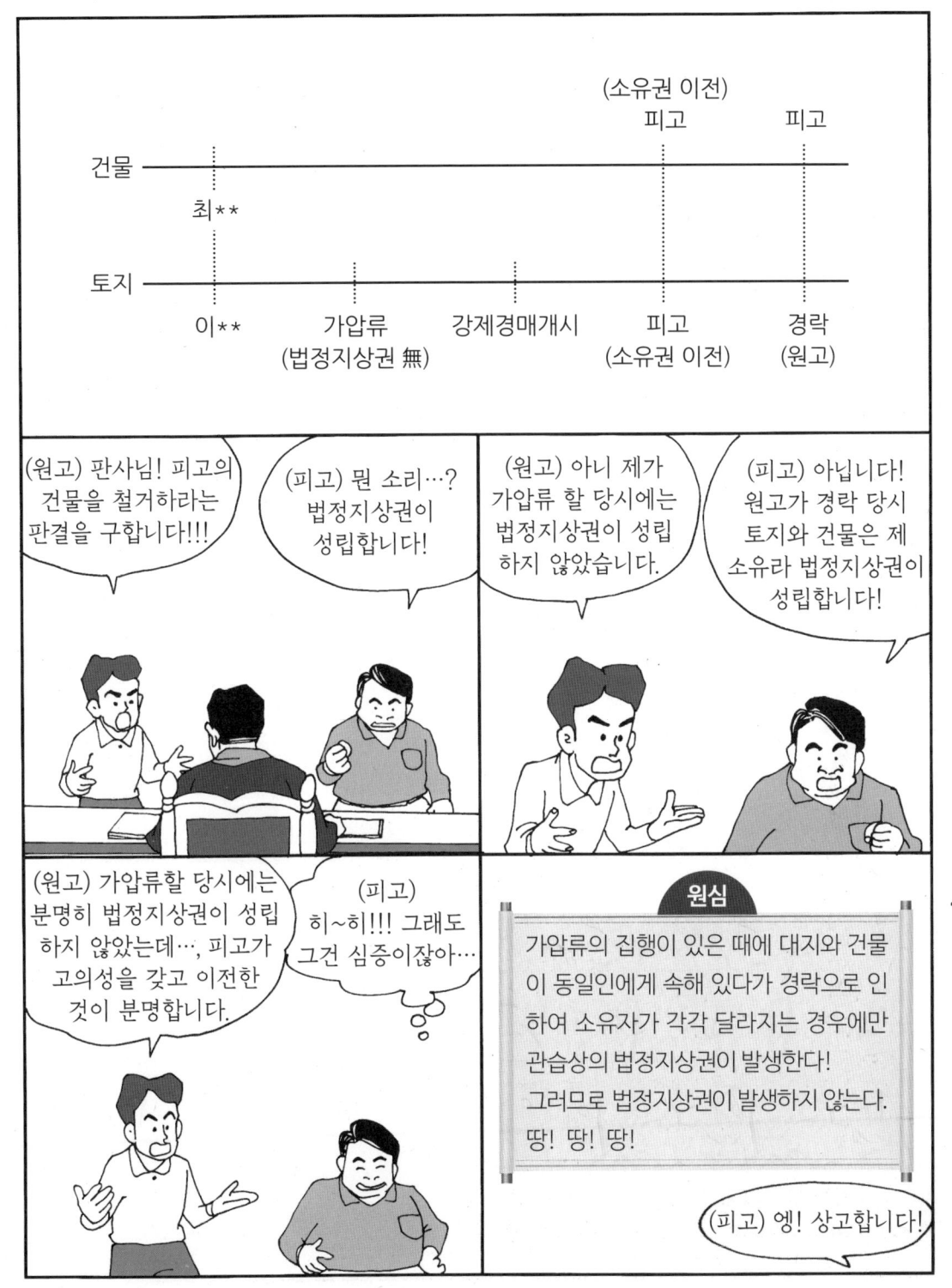

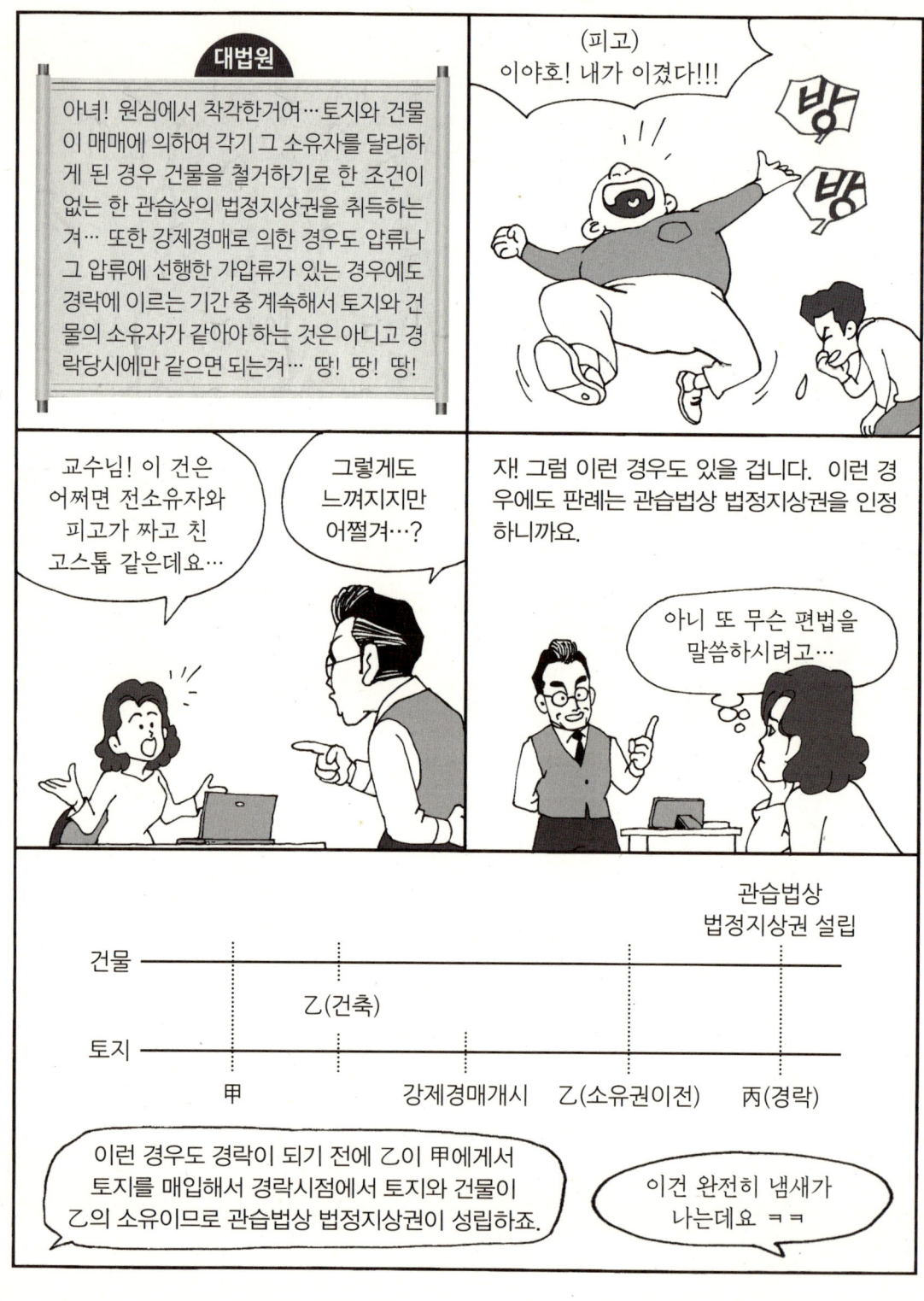

건물소유를 위한 관습상 법정지상권의 성립요건인 '토지와 그 지상건물이 동일인 소유에 속하였는지'를 판단하는 기준시기는?

대법원 2013.4.11.선고 2009다62059판결 【건물명도등】

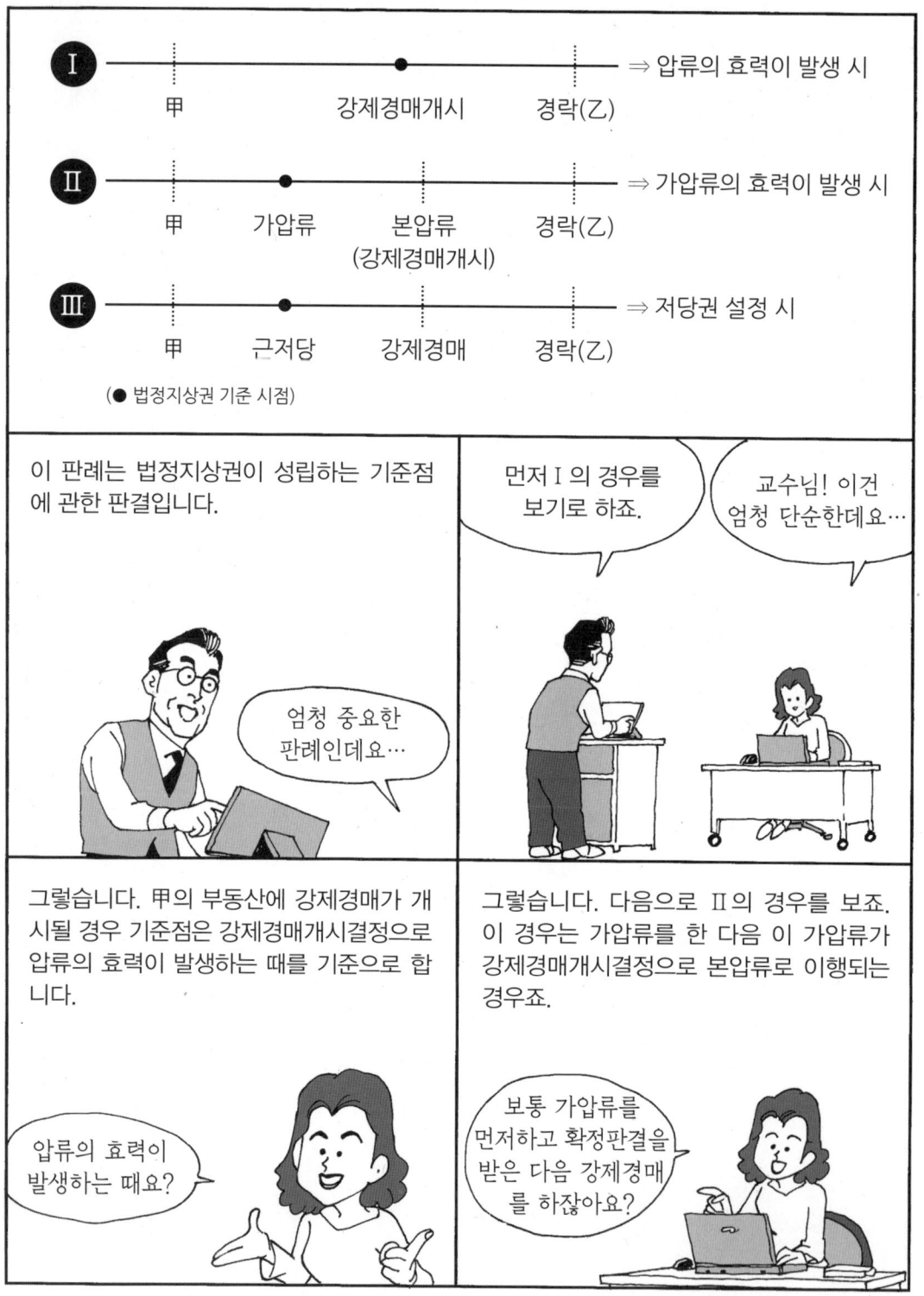

등기를 갖추지 아니한 건물매수인에 대한 대지소유자의 건물철거 가능 여부는?

대법원 1988.9.27.선고 88다카4017판결 【건물명도】

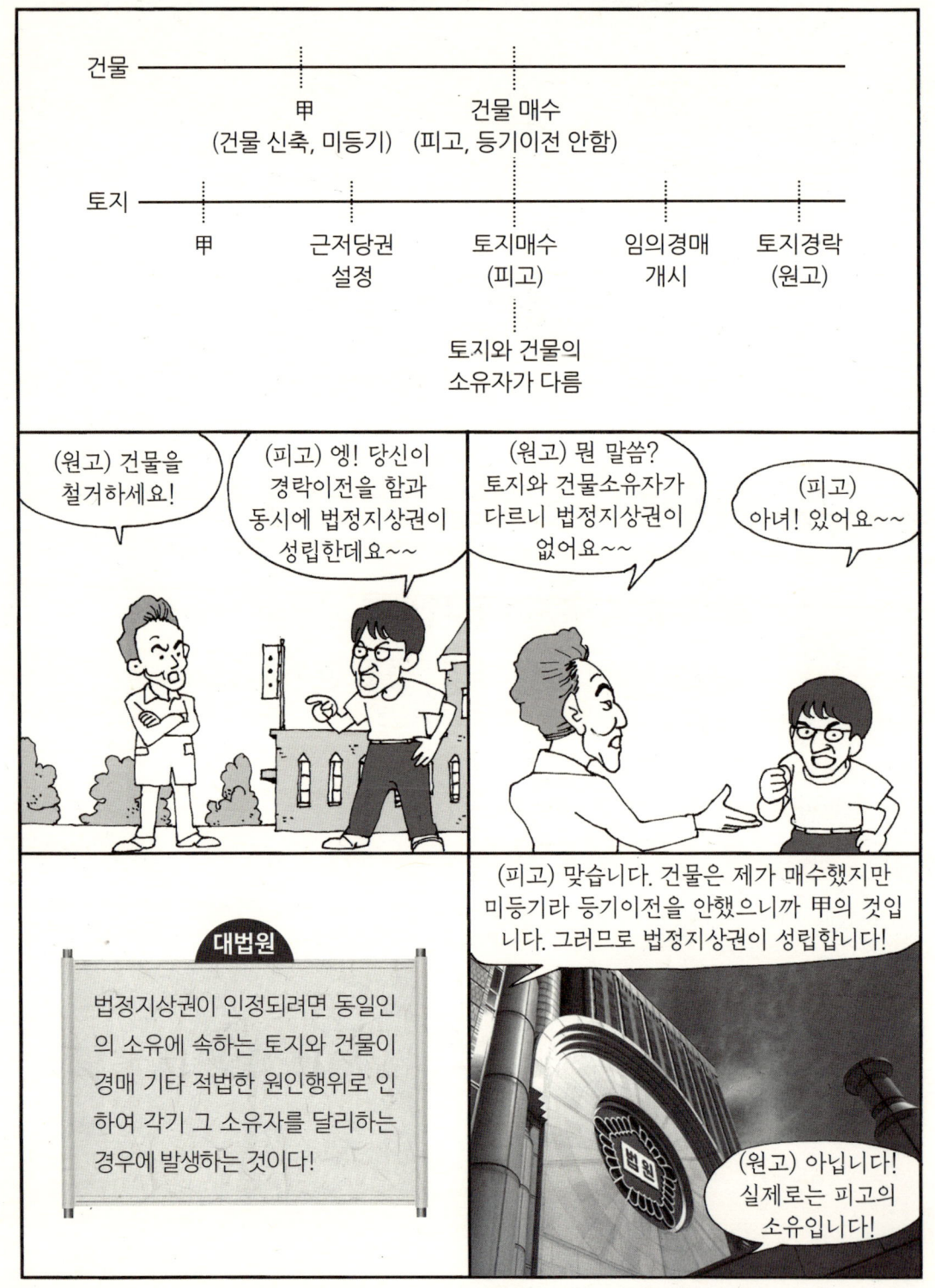

동일인 소유의 토지와 지상건물 중 건물양수인이 미등기건물인 관계로 소유권이전등기를 경료하지 못한 사이에 토지에 설정된 저당권이 실행되어 토지와 건물의 소유자가 달라진 경우 법정지상권은?

대법원 1991.5.28.선고 91다6658판결 【건물철거등】

(피고) 맞습니다! 그래서 토지와 건물의 소유자가 동일합니다!

(원고) 아니 그러면 법정지상권이 성립하는데…

대법원
아니다! 피고가 미등기인 건물을 양수하여 그 등기를 마치지 아니하였다면 그 건물의 소유권은 여전히 甲의 소유이다!

앞에서 본 88다카4017 대법원 판결과 이 판결의 차이점은…

뭔데요? 교수님!

대법원
그러므로 乙이 경락이전을 했을 시점에 법정지상권이 성립한다! 또한 甲이 건물의 소유를 위한 법정지상권을 취득하기에 앞서 건물을 양도한 경우에는 특별한 사정이 없는 한 건물과 함께 장차 취득할 법정지상권도 함께 양도하기로 하였다고 보지 못할 바 아니다! 땅! 땅! 땅!

앞의 판결은 피고가 토지와 미등기건물을 매수한 경우이고, 이 판결은 건물만 매수한 경우죠.

오히려 토지와 건물을 매입한 피고가 법정지상권이 성립이 안되네요.

그렇습니다. 그래서 법정지상권의 원리를 알아야 한다는 겁니다.

법정지상권의 원리…

미등기건물을 대지와 함께 매도하였으나 대지에 관하여만 매수인 앞으로 소유권이전등기가 경료된 경우, 관습상의 법정지상권이 성립하는지 여부

환지처분으로 인하여 토지와 그 지상 건물의 소유자가 달라진 경우, 관습법상 법정지상권의 성립여부

대법원 2001.5.8.선고 2001다4101판결 【건물등철거등】

甲과 乙의 구분소유적 공유지분토지에 乙이 건물을 소유하던 중 乙의 토지지분이 경매된 경우 乙의 관습법상의 법정지상권 취득은?

대법원 1990.6.26.선고 89다카24094판결 【건물철거등】

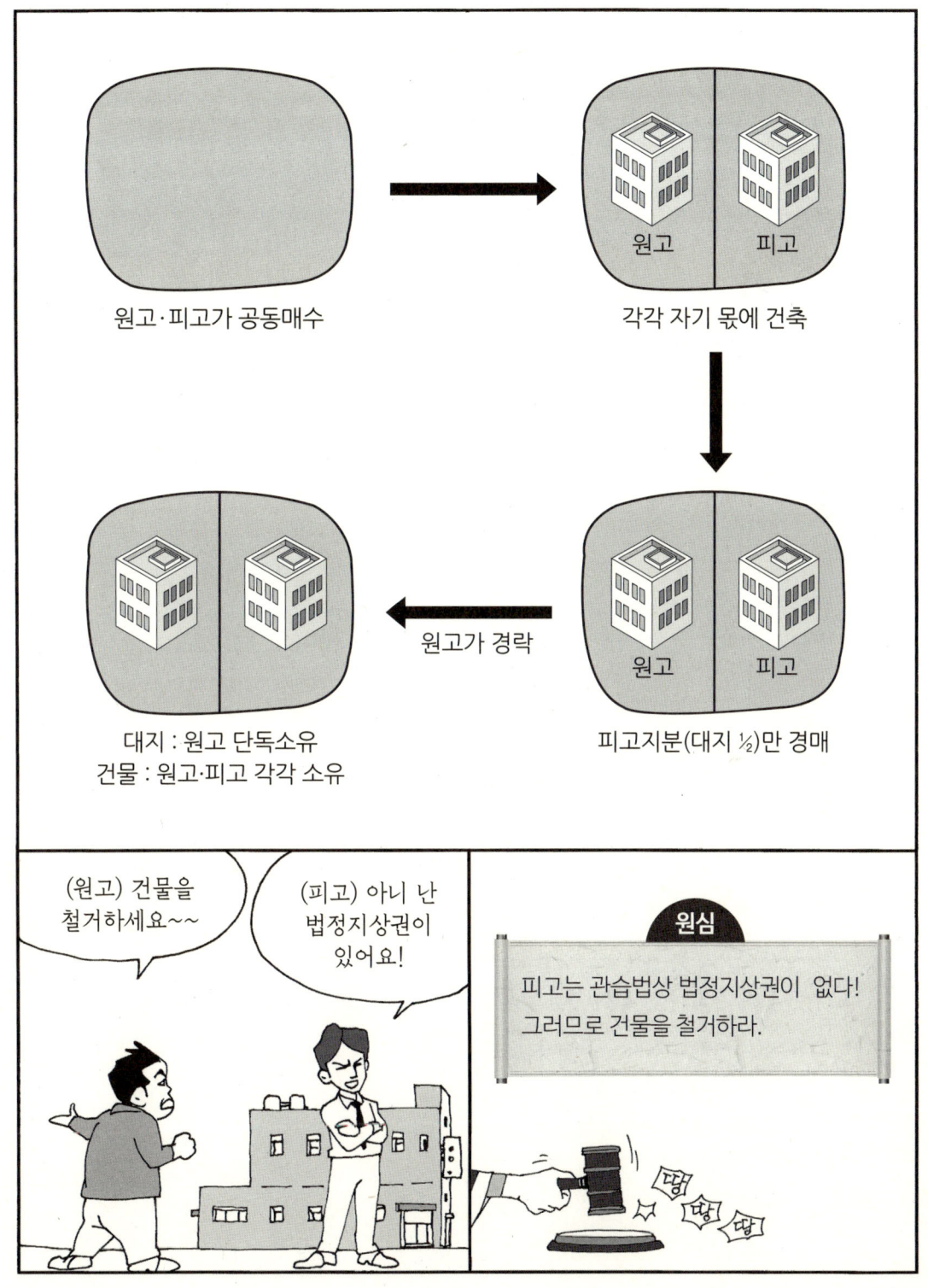

구분소유적 공유관계에 있는 토지의 공유자들이 그 토지 위에 각자 독자적으로 별개의 건물을 소유하면서 그 토지 전체에 대하여 저당권을 설정하였다가 그 저당권의 실행으로 토지와 건물의 소유자가 달라지게 된 경우 법정지상권의 성립 여부는?

대법원 2004.6.11.선고 2004다13533판결 【건물철거및토지인도등】

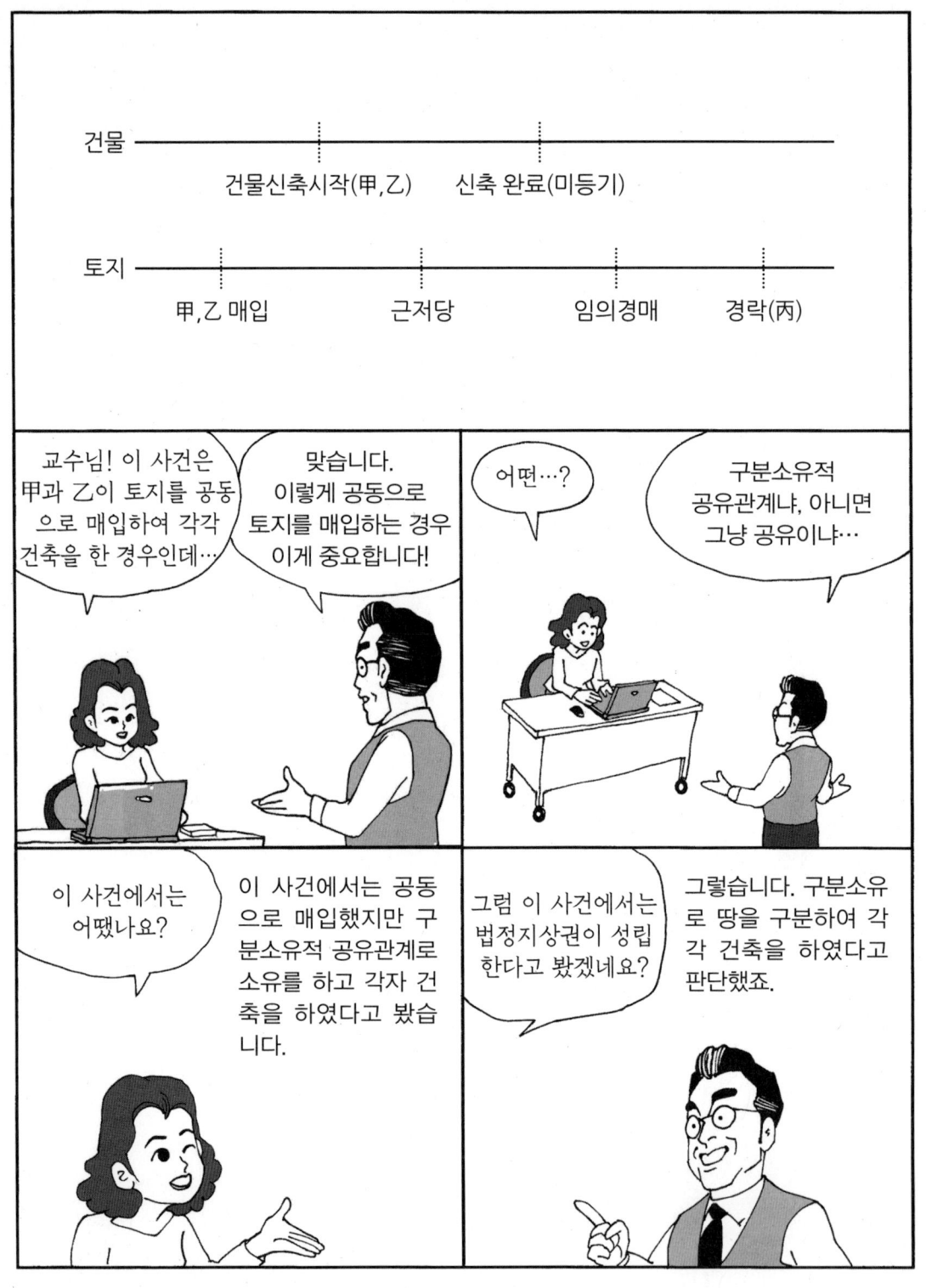

관습상 법정지상권을 취득한 토지소유자가 그 토지를 전득한 제3자에 대하여 법정지상권을 주장할 수 있는지 여부

대법원 1971.1.26.선고 70다2576판결 【건물철거등】

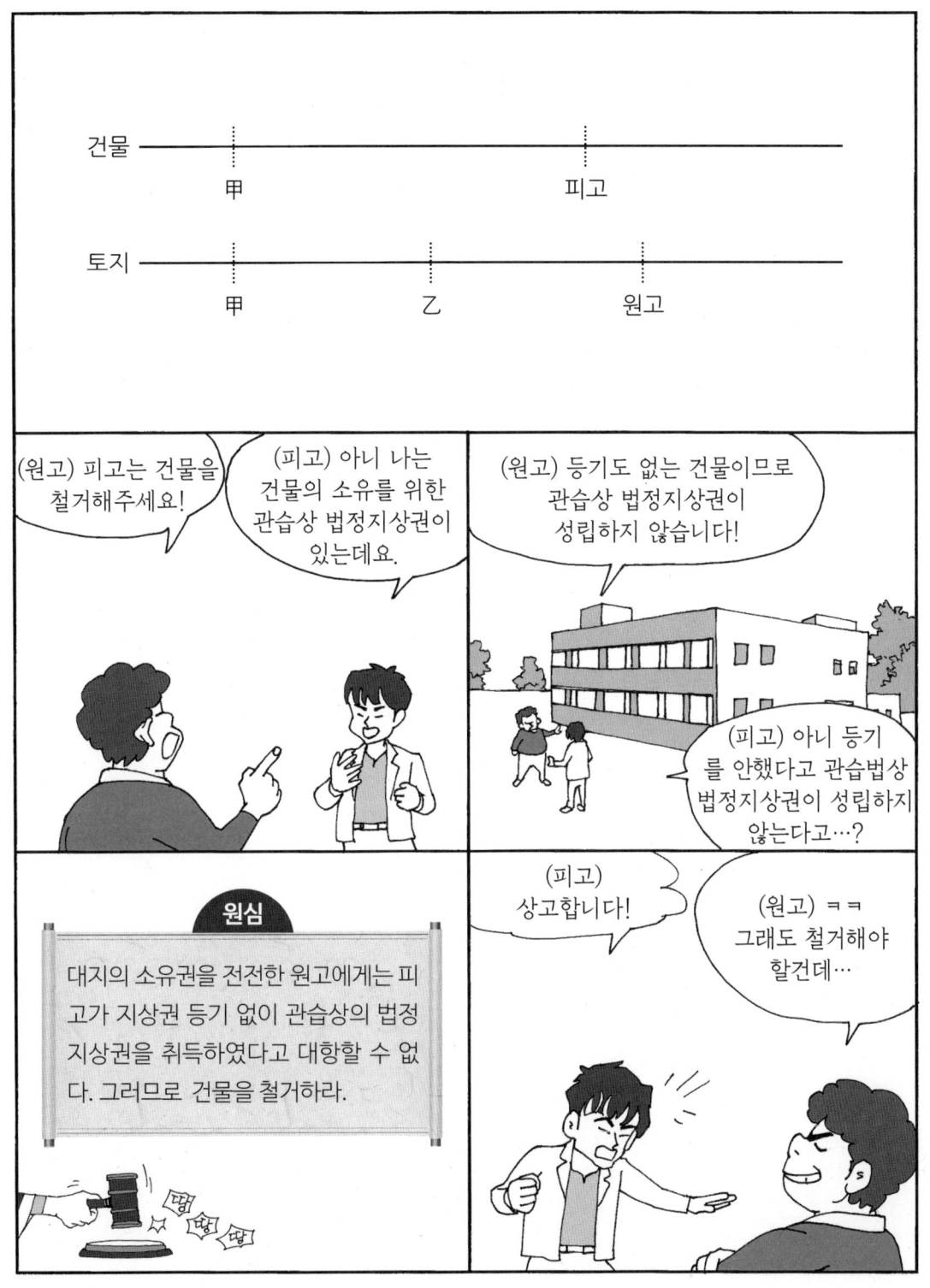

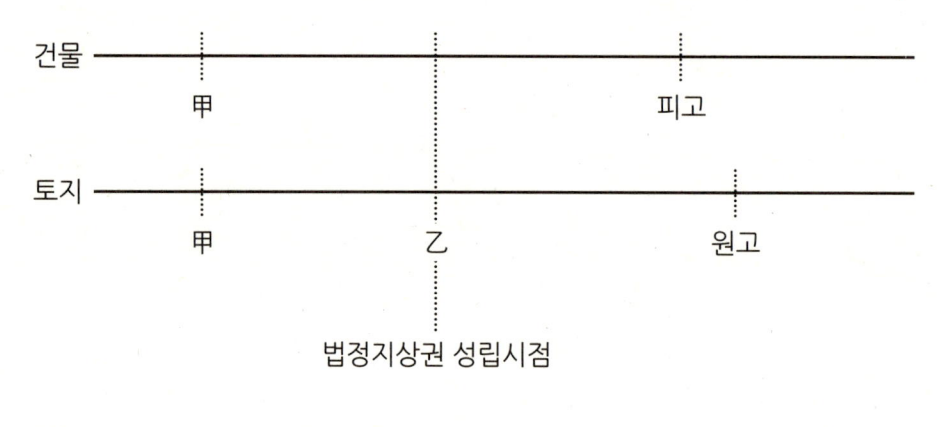

35

법정지상권이 성립한 건물을 양수한 자의 지상권설정등기청구권은?

❹ 법정지상권 관련 판례

대법원 1981.9.8.선고 80다2873판결 【지상권설정등기】

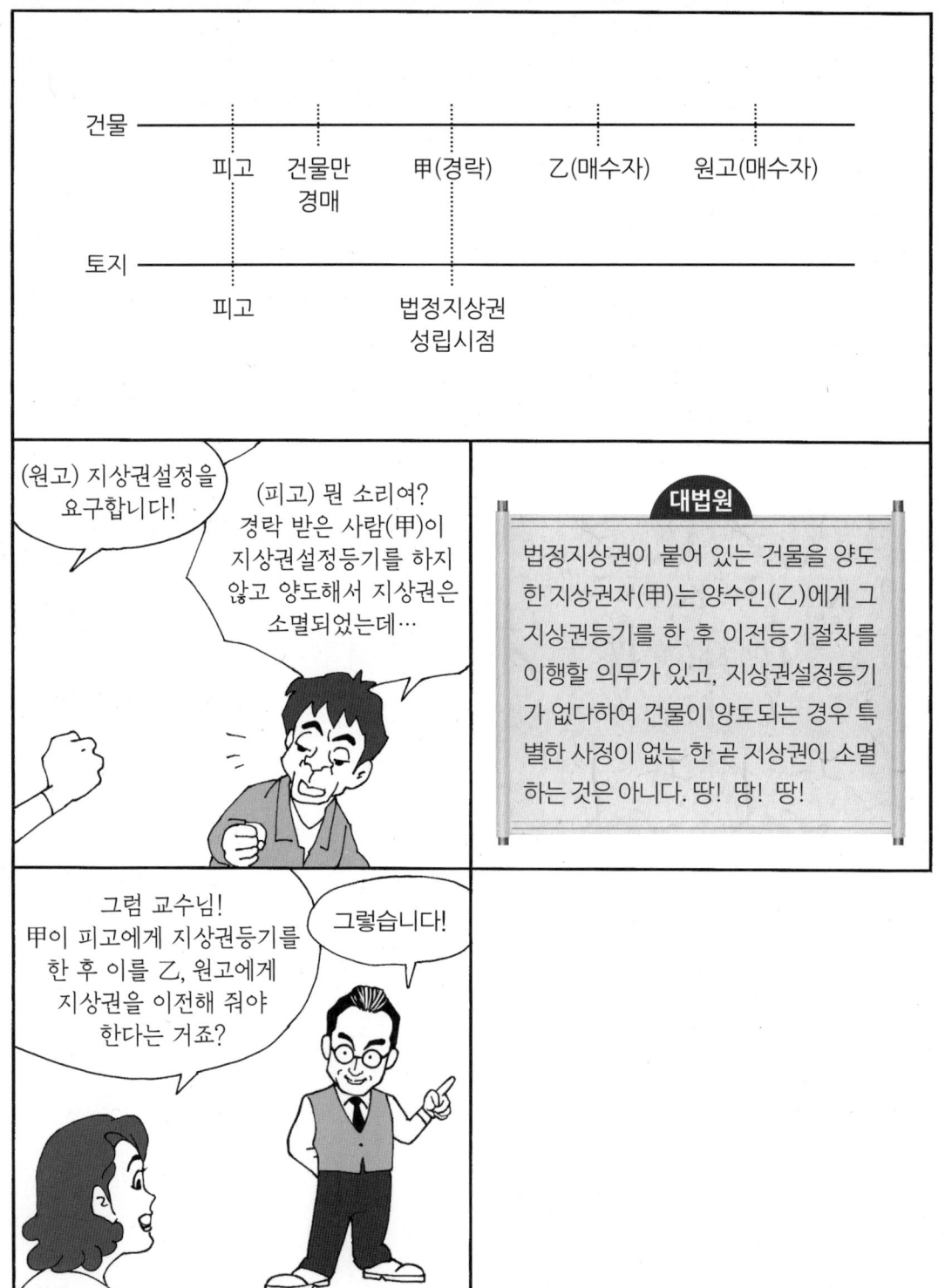

36

토지에 저당권을 설정할 당시 그 지상에 건물이 존재하였고 그 양자가 동일인의 소유였다가 그 후 저당권의 실행으로 토지가 낙찰되기 전에 건물이 제3자에게 양도된 경우, 건물을 양수한 제3자가 법정지상권을 취득하는지 여부

대법원 1999.11.23.선고 99다52602판결 【부당이득금등】

토지를 매수하여 사실상 처분권한을 가진 자가 그 지상에 건물을 신축한 후 그 건물이 강제경매된 경우 관습상의 법정지상권은?

대법원 1994.4.12.선고 93다56053판결 【건물철거등】

저당권설정 당시에 신탁으로 토지와 건물의 소유자가 달랐던 경우 법정지상권은?

❹ 법정지상권 관련 판례

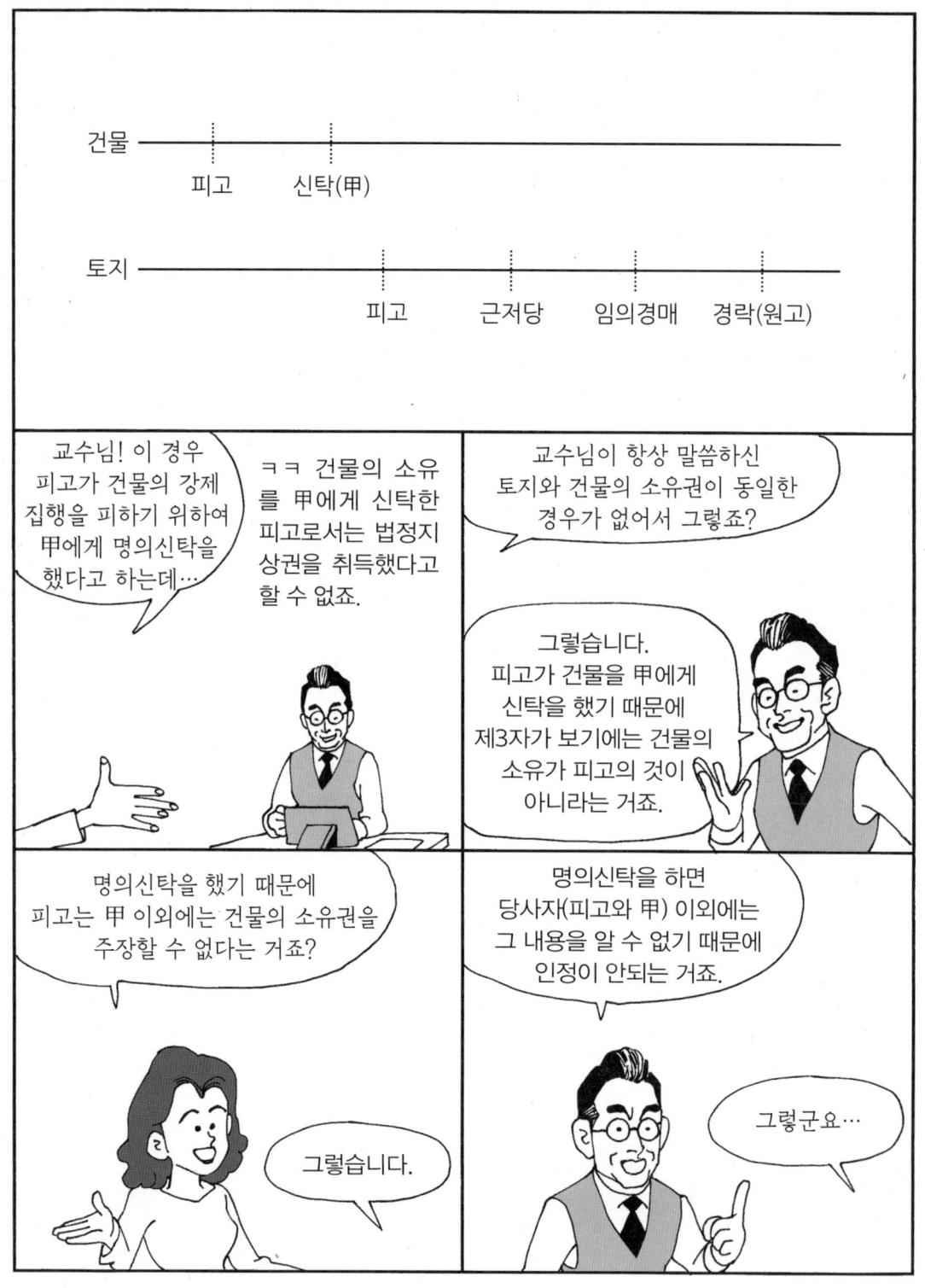

법정지상권에 관한 지료가 결정되지 아니한 경우, 2년 이상 지료 미지급을 이유로 한 지상권소멸청구의 가부

대법원 1994.12.2.선고 93다52297판결 【건물철거등】

토지의 소유가 원인무효로 밝혀져 등기가 말소된 경우 관습상의 법정지상권은?

❹ 법정지상권 관련 판례

대법원 1999.3.26.자 98다64189판결 【토지인도등】

대지소유자가 그 지상건물을 타인과 함께 공유하면서 그 단독소유의 대지만을 타에 매도한 경우에 관습상의 법정지상권 취득은?

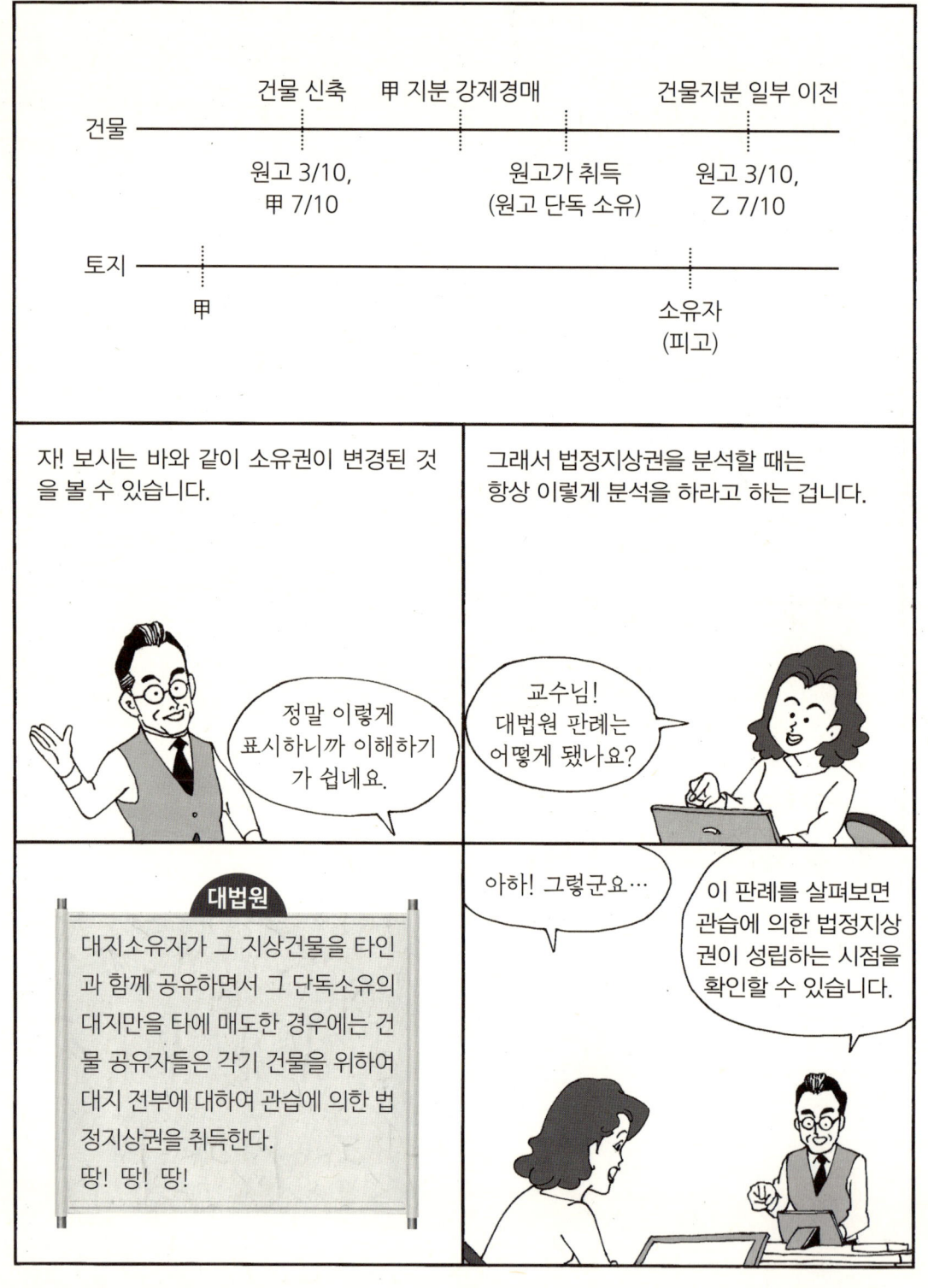

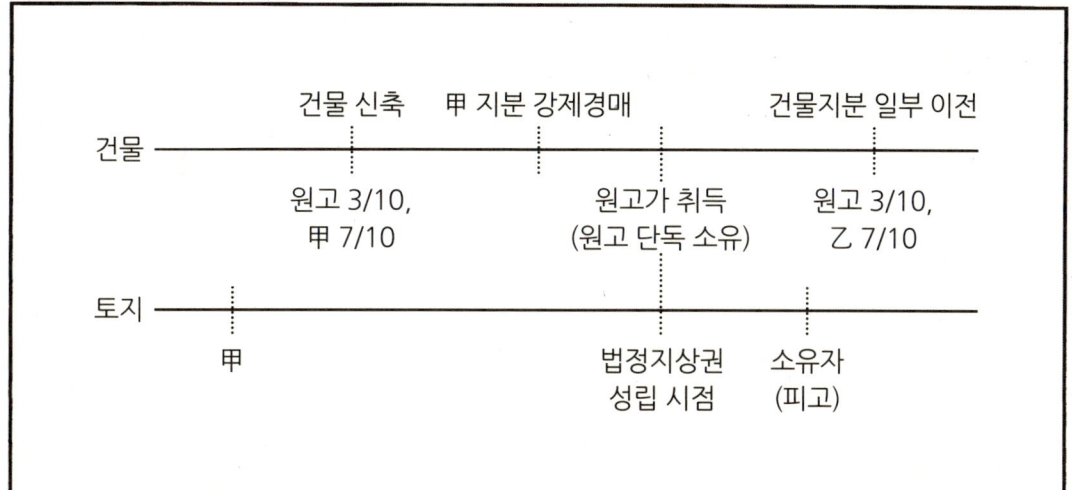

그림에서 보는 바와 같이 건물을 원고가 강제경매에서 경락허가결정이 확정된 때에 법정지상권이 성립된다고 본 것이죠.

그렇군요…

건물공유자의 1인이 그 건물의 부지인 토지를 단독으로 소유하면서 그 토지에 관하여만 저당권을 설정하였다가 위 저당권에 의한 경매로 토지소유자가 달라질 경우 법정지상권은?

대법원 2011.1.13.선고 2010다67159판결 【건물철거등】

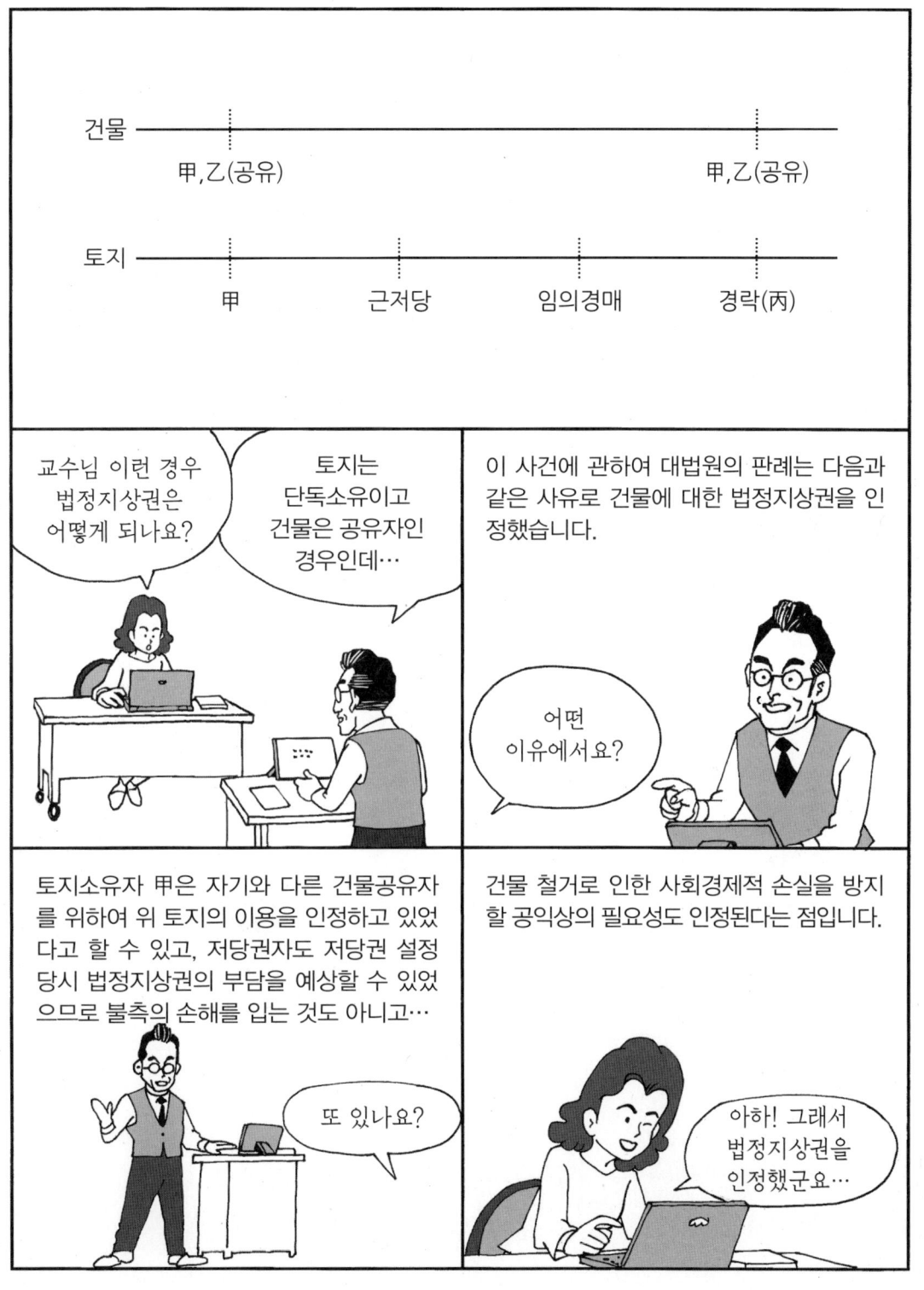

토지에 관한 저당권설정 당시 그 지상에 건물이 토지소유자에 의하여 건축 중이었고, 그 건물의 규모, 종류가 외형상 예상할 수 있는 정도까지 건축이 진전되어 있는 경우 법정지상권은?

대법원 1992.6.12.선고 92다7221판결 【건물철거등】

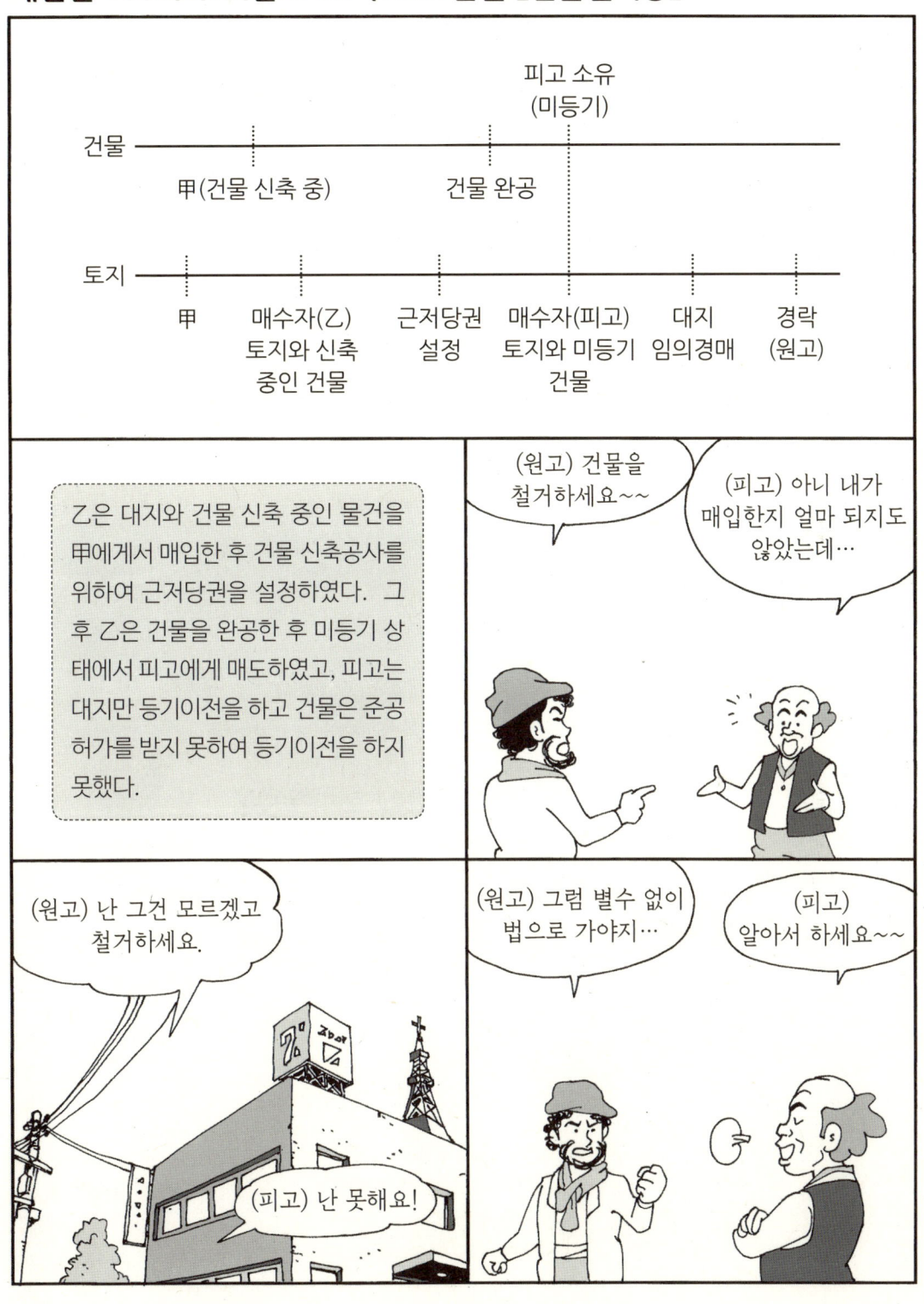

토지소유자가 건물을 신축할 당시 이미 토지를 타에 매도하여 소유권을 이전하여 줄 의무를 부담하고 있었다면 그 건물을 위한 관습상의 법정지상권은?

지상건물이 없는 토지에 관하여 근저당권 설정 당시 근저당권자가 건물의 건축에 동의한 경우 법정지상권의 성립여부는?

대법원 2003.9.5.선고 2003다26051판결 【건물등철거등】

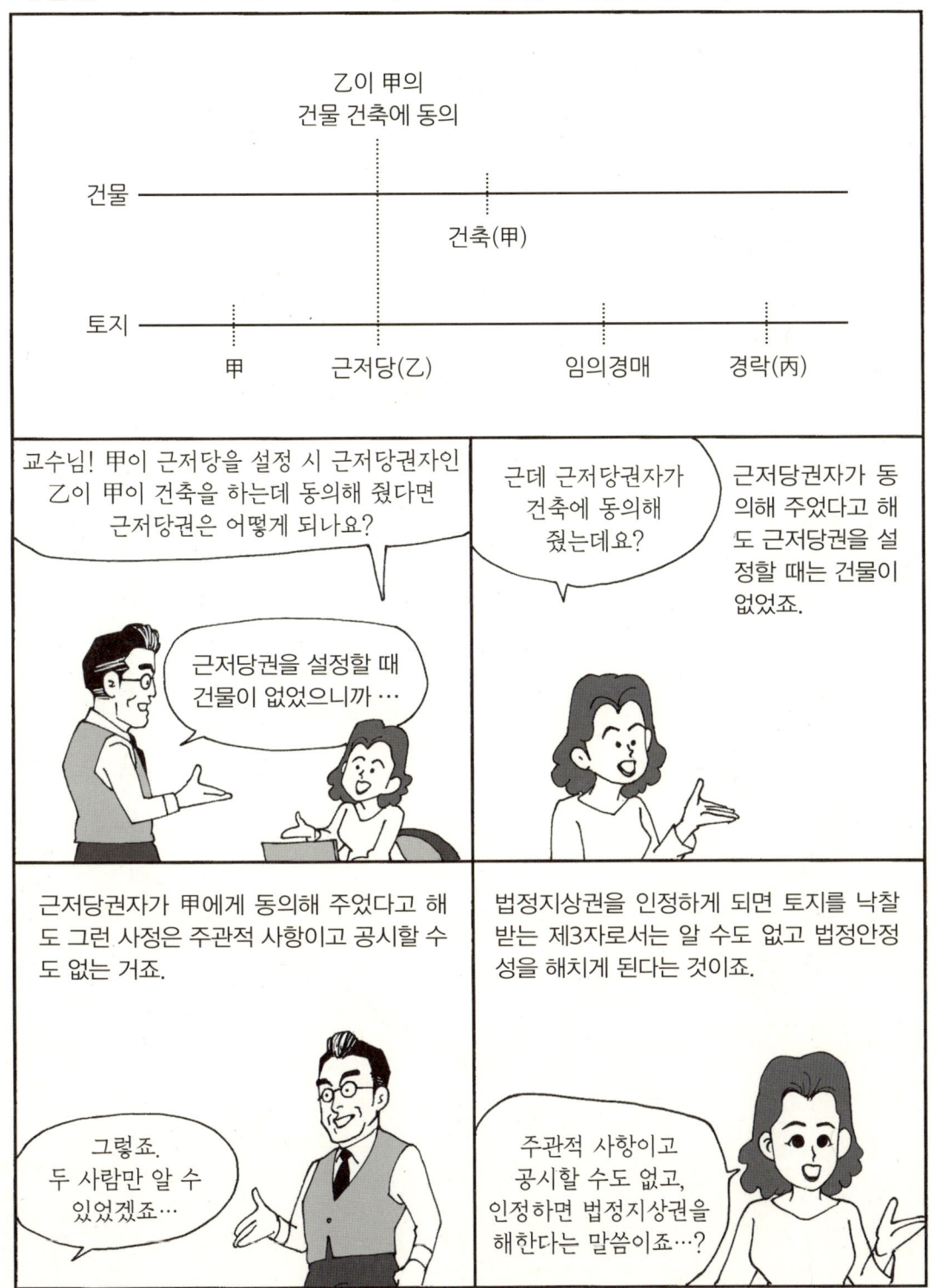

46

토지에 대한 저당권설정 당시 토지소유자에 의해 건물이 건축 중이었던 경우 법정지상권이 인정되기 위한 건물의 요건은?

대법원 2004.2.13.선고 2003다29043판결 【지장물철거】

혼자만 알고 싶은 대박 경매 시리즈 ②
만화로 배우는 법정지상권

초판 1쇄 · 2019년 5월 22일

지은이 · 정기수
그 림 · 안 주
제 작 · ㈜봄봄미디어
펴낸곳 · 봄봄스토리
등 록 · 2015년 9월 17일(No. 2015-000297호)
전 화 · 070-7740-2001
이메일 · bombomstory@daum.net

ISBN 979-11-89090-09-8(03320)
값 30,000원